MADELEINE

HISTOIRE CHRÉTIENNE

Je vous dis qu'il y a de la joie devant
les anges de Dieu pour un seul
pécheur qui vient à se repentir.

ÉVANGILE SAINT LUC.

PARIS

GAUME FRÈRES, LIBRAIRES
RUE CASSETTE, 4.

1846

MADELEINE

IMPRIMERIE DE H. FOURNIER ET Cᵉ
RUE SAINT-BENOÎT, 7

MADELEINE

HISTOIRE CHRÉTIENNE

Je vous dis qu'il y a de la joie devant
les anges de Dieu pour un seul
pécheur qui vient à se repentir.

ÉVANGILE SAINT LUC.

PARIS

GAUME FRÈRES, LIBRAIRES
RUE CASSETTE, 4

1846

Au titre de ce livre on a ajouté les mots *histoire
chrétienne* pour que le lecteur sût bien à l'avance
qu'il n'ouvrait pas un roman. Quand on écrit sur
une tombe, on n'invente pas, on se souvient ; et
l'imagination s'efface devant le regret, cette douloureuse mais fidèle mémoire du cœur. On ne trouvera
donc ici que la vérité.

MADELEINE.

LETTRE PREMIÈRE.

HENRIETTE A N.....

Mon ami, j'ai a vous annoncer une nouvelle qui vous surprendra, mais qui vous causera, j'espère, de la satisfaction. Votre malheureuse femme est entrée dans un couvent.... Cela vous paraît incroyable, n'est-ce pas? C'est pourtant vrai ; et, de plus, il faut lui rendre justice, c'est elle qui, la première, a eu cette pensée de retraite. Dernièrement, après les cruelles déceptions qu'elle vient d'éprouver, elle m'avait dit : J'ai le cœur désolé ; je suis fatiguée du monde... je ne puis plus vivre que dans un couvent. — Et sa parole était si ferme : elle paraissait si bien résolue, qu'après l'avoir approuvée de

toutes mes forces, je m'étais mise en quête tout
aussitôt pour lui chercher une maison convenable. Je ne vous avais rien dit de cela,
parce que je craignais un changement de volonté
que sa mobilité ordinaire devait me faire prévoir : en effet, lorsque je suis revenue avec des
renseignements, elle avait déjà renoncé à son
projet ; et comme je la pressais d'y revenir : —
Est-ce mon mari qui le veut? me dit-elle ; s'il
le veut, je pars tout de suite, et je serai trop
heureuse de pouvoir lui faire un sacrifice. —
Mais, ma chère enfant, lui ai-je dit, tu sais bien
que ton mari ne veut rien; que malheureusement
il a renoncé à être ton maître, et ne consent plus
à être pour toi qu'un conseil et un soutien ; mais
sois sûre qu'il te saura gré de ta détermination.
— Depuis ce temps, combien de résistances
n'ai-je pas eu à combattre! La pauvre enfant,
hésitait encore avant de renoncer au monde.

qu'elle avait tant aimé, et au plaisir, qui ne
pouvait la consoler de son bonheur perdu, mais
lui donnait au moins quelques instants d'ivresse et
d'oubli. — Enfin, hier matin, elle me dit qu'a-
près avoir passé la nuit à réfléchir, son parti
était pris. Elle a demandé une voiture, et nous
sommes arrivées au couvent de la Nativité que
j'avais visité à l'avance et qui m'avait paru devoir
lui convenir,

Quoiqu'elle n'entre pas là comme religieuse,
mais seulement comme pensionnaire, et qu'elle
soit liée uniquement par la promesse qu'elle m'a
faite et devait renouveler devant la supérieure de
rester une année dans la maison, je redoutais le
moment où la porte se fermerait sur elle, et je
m'attendais à des pleurs ; mais elle est restée par-
faitement calme. — Peut-être la vue des lieux
a-t-elle été pour beaucoup dans sa résignation ?
J'avais un peu compté là-dessus, et mes prévi-

sions ne m'ont point trompée. Sans doute, vous n'avez jamais vu de couvent, et vous imagi- nez, dans notre temps surtout où ces établisse- ments ne peuvent être riches, quelque vieille abbaye échappée aux ravages de la révolution et de la bande Noire, qu'on aura restaurée tant bien que mal; des tourelles crevassées et de hautes murailles noircies par le temps; une cour sombre et humide, où pousse entre les pavés un chétif gazon; quelque chose enfin d'un aspect bien triste ou au moins bien grave. Vous allez voir. — En entrant, d'abord une loge de tourière qui ferait envie aux concierges des meilleures maisons : un parloir agréablement meublé : puis, quand on pénètre dans la cour très-spacieuse et pavée avec beaucoup de soin, un bâtiment carré long, peu élevé, flanqué dans son pourtour de jolies colonnes doriques qui supportent une ter- rasse garnie de pots de fleurs, et forment au-

dessous un péristyle couvert, dallé en pierre de
couleurs différentes. Au milieu, en face de la
porte d'entrée, une chapelle, figurée par quatre
colonnes et un fronton de l'architecture la plus
élégante, et surmontée d'un clocheton garni de
persiennes. Tout cela entièrement neuf, et tout
blanc, et inondé de lumière. — Du côté opposé
à la cour est un magnifique jardin de sept ar-
pents, planté, moitié en potager, moitié en agré-
ment. Dans la partie anglaise, on trouve, en
guise de fabrique, une chapelle à la Vierge, dont
la voûte est tapissée de clématites et de chèvre-
feuilles, et rien n'est si joli à voir que la reine des
anges, tenant entre ses bras l'enfant Jésus, sous
ce berceau de verdure parsemé de fleurs. —
Après nous être promenées longtemps nous sommes entrées dans la grande chapelle. — Un véritable boudoir ; et pour que vous me pardonniez
ce nom profane, j'ajoute tout de suite, un bou-

doir qui donne l'envie de prier Dieu. Oui, en entrant dans ce saint lieu, où règne un jour adouci,
et mystérieusement amené par des vitraux et des
transparents de couleur jaune, on est saisi de
recueillement, et la prière vient aux lèvres :
aussi est-ce seulement après nous être agenouil-
lées quelques instants que j'ai pu admirer la ri-
chesse, sobre cependant et pleine de goût, l'élégance coquette de la décoration, et le merveilleux effet produit par le mélange habilement
combiné du bleu de ciel, du blanc mat et de l'or.
L'autel et ses ornements ; la grille qui ferme le
chœur ; les confessionnaux même, et jusqu'aux
siéges semés dans le parvis ; tout cela est d'une
recherche exquise et forme un ensemble d'une
rare perfection. — Le Dieu qu'on adore dans
un pareil temple ne saurait être bien sévère ;
aussi, en sortant de là, notre pauvre recluse
était-elle déjà bien consolée, lorsqu'est pas-

sée près de nous, en nous saluant, une jeune religieuse. — Jolie. — Délicatement et saintement jolie. — Un frais et riant visage qui respire la candeur, la grâce, la bonté. — Une madone de Raphaël vivante et animée. Elle s'appelle, nous a-t-on dit, la sœur sainte Marie-de-Jésus. — Madeleine l'a suivie des yeux, sans doute avec l'espérance de la retrouver bientôt, et je suis sûre qu'elle a entrevu là une amitié qui lui sourit. Cette apparition a dissipé les petits nuages de tristesse qui pouvaient rester dans son esprit. Bientôt après, nous avons vu la supérieure, qui l'a reçue avec beaucoup de bonté, et avec laquelle elle s'est montrée fort gracieuse : enfin nous nous sommes dit adieu sans qu'elle ait versé une larme.

Vous voyez, mon ami, que les choses se sont mieux passées qu'on ne devait le croire. C'est déjà beaucoup que la première impression ait été favorable. — Mais durera-t-elle dans cette pauvre tête où la pensée est si variable, que souvent mes espérances de la veille ont été déçues le lendemain? — Cette charmante prison lui fera-t-elle oublier la liberté? — Ce couvent si spacieux ne sera-t-il pas encore pour elle une enceinte trop étroite, et y trouvera-t-elle l'emploi de sa dévorante activité?

Si elle entrait là avec des sentiments religieux très-prononcés, peut-être trouverait-elle bientôt dans les pratiques, dans la prière, un aliment pour son âme ardente; mais malheureusement, vous le savez, elle n'a autre chose que cette piété froide et routinière qu'on apprend aux jeunes personnes dans les pensionnats comme la géographie ou l'anglais. — Il y a loin de là à la vraie foi.

Espérons cependant, mon ami.

II.

MADELEINE A HENRIETTE.

Hélas! ma chère Henriette, je ne sais si la tâche que j'ai entreprise n'est pas au-dessus de mes forces. Hier, après ton départ, je suis montée à ma chambre pour ranger mes meubles, ce qui a été bientôt fait; puis, me voyant seule, et en pensant que ce serait ainsi tous les jours, pendant une année entière, je me suis mise à pleurer. Quel silence ! et quelle solitude ! Le bruit lointain des voitures ne parvient même pas jusqu'ici. On n'entend que le son de l'horloge et une cloche qui annonce les heures du repas ou de la prière. Dans la cour on voit passer de temps en temps une religieuse vêtue de noir. — Ayant oublié mes livres, je suis descendue pour en demander. On m'en a donné un qui a pour titre : *Instructions sur la pénitence*. J'ai essayé de lire cela : je t'avoue franchement que je n'y comprends rien. La supérieure, dont nous avions été contentes, m'a paru aujourd'hui froide et sévère ; quant à la jolie religieuse, il paraît qu'elle est très-occupée, car je n'ai pu encore lui parler.

Ah ! Henriette, n'est-ce pas une chose cruelle de vivre ainsi à vingt-sept ans?..... Le monde a ses déceptions, je le sais, et j'en ai fait une cruelle expérience ; mais au moins les peines y sont entremêlées de plaisirs... Et puis, mon but ne sera-t-il pas manqué ? Je cherchais le repos, dans la pensée qu'il me rendrait meilleure... mais ce repos forcé ne peut produire que l'impatience et l'ennui... J'arriverais plus vite au repentir par des souffrances vives que par ces langueurs où l'âme est incapable de rien sentir, pas plus le mal que le bien...

Viens donc me voir si tu ne veux pas que je meure de chagrin...

Dans le cas où tu ne pourrais pas venir, fais prendre mes lettres chez mon portier, et adresse-les-moi...

———o o———

III.

MADELEINE A HENRIETTE.

Ma chère Henriette, fais-moi donc le plaisir de
passer chez madame Gravier. Elle ne sait pas
que je suis entrée au couvent, car dans une lettre
qui se trouve parmi celles que tu m'as envoyées,
elle m'invite à une petite soirée dansante pour

jeudi prochain : elle me dit les choses les plus
aimables, et qu'elle compte sur moi pour égayer
sa petite fête ; c'eût été bien facile : on s'amuse
tant chez elle !... Tu lui diras que le temps du
plaisir est passé pour moi, et que je suis ense-
velie vivante dans cette maison.

IV.

HENRIETTE A MADELEINE.

Ma chère Madeleine, l'envoi de tes lettres a dû t'apprendre que je ne pouvais aller te voir. En effet, je suis retenue à la chambre par un petit mal de gorge. Sans cela, crois-le bien, je serais allée, dans cette maison *où tu es enseve-*

lie vivante, te faire convenir d'abord que tu as là une fort jolie sépulture; et puis te gronder pour les deux lettres que tu m'as écrites. Comment! c'est la douleur des mauvaises passions qui t'a éloignée du monde, et voilà que tu songes à y rentrer!... Mais, à t'entendre, ce serait justement pour mieux sentir le poids de tes fautes que tu voudrais souffrir... Ne cherche donc pas ainsi à te tromper toi-même, ma pauvre enfant : ce que tu regrettes, ce ne sont pas les peines attachées au plaisir; c'est le plaisir tout seul. Ne le retrouverais-tu pas, hélas! tel que tu l'as laissé; charmant au dehors, mais plein de misères et de dangers.

Allons! ne sois pas courageuse à demi, ma bonne Madeleine. Tout le monde approuve le parti que tu as pris, même cette aimable madame Gravier, que j'ai vue; qui regrette amèrement de t'avoir troublée dans ta retraite, et qui aime mieux te voir là où tu es, que dans son salon avec des fleurs sur la tête et le chagrin dans le cœur.

Maintenant il faut persister. Ces ennuis que tu éprouves étaient inévitables ; mais ils ne dureront pas... Toi qui sais si bien te faire aimer de tous ceux qui t'entourent.... essaie donc de cela...

J'attends de toi de meilleures nouvelles.

V.

MADELEINE A HENRIETTE.

Tu as raison, Henriette, je suis une folle. Est-il possible, mon Dieu, que je reconnaisse mes défauts et que je ne puisse pas m'en corriger? que mes bonnes résolutions soient si vite oubliées, et que je retombe toujours dans le mal, ayant le désir de faire le bien!

Je viens d'avoir une longue conversation avec la sœur Sainte-Marie de Jésus. Quelle charmante jeune fille ! elle est dans cette maison depuis l'âge de douze ans, et on dirait qu'elle a toujours vécu dans le grand monde, tant son langage et ses manières sont distingués. Apparemment c'est une grâce naturelle que lui donne la pureté de son âme.

Tu penses qu'elle m'a donné de bons conseils : je les suivrai, sois-en bien sûre.

Ne viens pas me voir encore ; attends que je sois devenue bien sage... Je veux que tu sortes d'ici contente de moi.

VI.

HENRIETTE A N....

J'ai eu grand'peur, mon ami ; car dès le lendemain de son entrée au couvent Madeleine m'a-
vait écrit une lettre inquiétante ; mais depuis elle
m'a un peu rassurée. Je suis allée la voir hier ,
je l'ai trouvée d'abord en état de parfaite santé.

Son visage, qui portait il y a un mois la trace
des agitations de sa vie, a pris un aspect plus
calme ; sa petite chambre, qu'elle a meublée et
arrangée avec son goût habituel, est très-claire
et très-aérée : elle donne sur la belle cour dont
je vous ai parlé. Les chambres qui ont vue sur
le jardin sont beaucoup plus recherchées ; mais
on ne les accorde qu'à l'ancienneté. Madeleine
m'a dit qu'elle espérait bien y parvenir : preuve
qu'elle a l'intention de tenir parole, et que ce
terme d'une année ne l'effraie pas trop.—Comme
elle avait un air gai qui me faisait prévoir sa réponse, je crus pouvoir aborder franchement la
question. Eh bien ! chère enfant, lui dis-je, où
en es-tu ?—En vérité, me répondit-elle, je ne
me trouve pas trop malheureuse. — Point malheureuse ! ce n'est pas assez, lui dis-je.—Allons,
puisque tu veux davantage, je te dirai que je
suis presque heureuse ; oui, heureuse : com-

prends-tu cela? — Sans doute, lui dis-je, je le comprends. La vie calme et la paix de l'âme sont des biens d'une merveilleuse douceur. — Oui, me dit-elle, la vie calme et la paix de l'âme; c'est cela apparemment qui me cause une joie intérieure dont je n'avais pas même l'idée... et puis, ces dames sont si bonnes pour moi!.. Tu sauras que je suis déjà l'enfant gâté de la maison... elles ont tant d'attentions et de petits soins, tant d'indulgence aussi; car j'en ai besoin avec ma légèreté et ma mauvaise tête. Cette sœur Sainte-Marie de Jésus est un ange, et je puis croire que je lui inspire quelque intérêt, car elle veut bien s'occuper de moi.... Imagine-toi, ma chère, qu'elle a entrepris de me convertir. — Comment, te convertir? mais tu n'es pas juive? que je sache. — Non, mais je reconnais maintenant que je savais bien peu de chose en matière de religion, et je sens que j'ai une foi bien tiède... Si tu savais comme ces femmes-là prient ; quel plaisir elles paraissent avoir à remplir leurs devoirs religieux, à approcher de la Sainte Table!.. C'est à donner l'envie de devenir dévote... il faut espérer que cela me viendra... Ah ! me dit-elle en changeant tout à coup de conversation , il y a ici une vieille dame pensionnaire qui a beaucoup connu ma grand'-mère à Saint-Domingue... son petit-fils est venu la voir hier : c'est un très-joli garçon. — Oh ! oh ! lui dis-je, madame la religieuse, voilà une remarque... bien mondaine.—Tiens! c'est vrai, dit-elle d'un air un peu triste ; puis, avec sa douce câlinerie, et ce que vous appeliez autrefois ses yeux de velours noir : Pardonne-moi cela , Henriette ; sois indulgente, comme ces bonnes religieuses... Je parlais donc de la vieille dame. Elle ne sort presque pas de sa chambre ; je vais causer avec elle, lui faire des lectures, lui arranger

sa chaufferette... tu sais le goût que j'ai toujours
eu pour soigner les vieilles gens... aussi, elle
m'adore, elle m'appelle son petit chien ; et hier
(elle se mit à rire comme une folle), hier, pour
faire le chien, je me suis accroupie et roulée
dans son grand fauteuil... tu sais, comme tu m'as
vue faire quelquefois, dans le temps... dans le
temps où j'étais heureuse, dit-elle en cessant tout
à coup ses rires et levant les yeux au ciel avec
tristesse.—Nous entendîmes le son d'une cloche.
—Ah ! dit-elle, voilà le dernier coup de Vêpres.
—Allons ! lui dis-je, je vais te quitter.—Aussi
pourquoi viens-tu le dimanche?... mais il faut
que j'y aille, vois-tu, sans cela la sœur Sainte-
Marie de Jésus me gronderait... C'est singulier,
les Vêpres qui m'ennuyaient tant, quand j'étais
en pension, ici elles ne m'ennuient pas... la chapelle est si jolie !.. Ah ! Henriette, je te prierai
de me rendre un service... d'abord, de m'en-

voyer des épingles doubles, car j'ai oublié les miennes chez moi, et mes cheveux se défont toujours... Regarde, dit-elle en laissant tomber sa belle chevelure noire... et puis une glace, une petite glace, je n'ai que celle-là, en me montrant celle qui était sur sa cheminée, et elle me rend verte... — Allons! allons! lui dis-je, de la coquetterie. — Je ne crois pas, répondit-elle; mais, enfin, parce qu'on est dans un couvent, ce n'est pas une raison pour se faire peur à soi-même; d'ailleurs, les religieuses se permettent bien d'être jolies : vois la sœur Marie de Jésus. — Elle m'a embrassée, et elle s'est enfuie comme un oiseau.

Je vous ai tout dit, mon ami, parce qu'il faut ne vous rien cacher. Vous la reconnaissez, n'est-ce pas ? c'est encore elle : bonne toujours, mais toujours légère, mobile, riant ou pleurant tour à tour. Vous remarquerez cependant, ce qu'il y a

de bon dans cet entretien. Elle aurait envie
d'être dévote ; voilà un progrès : c'est beaucoup
aussi qu'elle ne regrette pas le monde qu'elle a
quitté. Le temps et les conseils de cette charmante sœur, qui s'intéresse à elle, feront le
reste.

En sortant, j'ai causé avec la supérieure,
et lui ai demandé si elle était contente de sa
pensionnaire. — Eh ! eh ! m'a-t-elle dit, la
tête est mauvaise ; mais le cœur est bon,
l'âme tendre ; avec cela on fait bien des
choses. Il faut calmer, calmer et diriger vers
le bien cette nature ardente qui l'a portée au
mal.

Au reste, c'est une vérité qu'elle a déjà fait la
conquête de tout le monde ; et cela ne vous
étonne pas, mon ami, vous qui connaissez la
puissance de séduction qu'elle a toujours exercée
autour d'elle, avec sa physionomie ouverte et

avenante, ses manières gracieuses, son désir de plaire, et sa disposition constante à obliger.

Je vous dirai encore : Espérons !

VII.

MADELEINE A HENRIETTE.

Je t'assure, Henriette, que je fais tout ce que
je peux pour devenir sainte ; mais j'aurai bien
de la peine. — Hier, après un sermon de l'aumônier, ma gentille petite mère Sainte-Marie de
Jésus m'avait recommandé de faire une médita-

tion... Une méditation ! tu juges que c'était une grande affaire pour moi. Je suis montée à ma chambre ; là, je me suis mis la tête dans mes mains, et j'ai cherché à me rappeler d'abord ce qu'avait dit le prédicateur. Il semblait justement que le sermon eût été fait pour moi, car il traitait du danger et des vanités du monde, et j'avais entendu là-dessus de bien bonnes choses, assurément, et bien vraies... Je repassais tout cela, en y ajoutant les réflexions que ma propre expérience, hélas ! pouvait me fournir ; et vraiment j'étais assez contente de moi, lorsqu'un orgue de Barbarie est venu jouer dans une rue voisine, assez éloignée cependant. D'abord, j'ai bouché mes oreilles pour ne pas me laisser troubler ; mais tu sais, on entend toujours un peu. Il m'est donc arrivé je ne sais quelle phrase musicale, qui m'a rappelé une sonate de Clémenti, que j'ai jouée étant petite fille, pour la fête de ma grand'-

mère, à une soirée après laquelle il y a eu
un bal d'enfant. — C'était un souvenir bien in-
nocent; comment le repousser? je me suis mise
à songer à toutes mes bonnes petites joies de ce
temps-là. Il n'y avait pas beaucoup de mal à
cela, si ce n'est pourtant que la méditation était
devenue une rêverie, et que le sermon était bien
loin. Tu sais comme j'aimais ma grand'mère, et
comme la pauvre femme m'adorait. Ordinairement, ces affections de l'enfance, qui doivent
durer si peu et qui ne semblent faites que pour
nous apprendre à aimer, quand elles ont été rem-
placées par d'autres, à peine si l'on s'en souvient; mais moi, dans la solitude et dans la dé-
tresse de mon cœur, je me suis prise à regretter
ce sentiment, qui au moins le remplissait. J'en
étais là, et je me laissais aller à ma tristesse,
lorsque l'orgue, qui s'était arrêté un instant et
dont je me crus délivrée, vint à jouer... une

valse... une valse... oh! cette valse, Henriette, par les souvenirs qu'elle rappelait, c'était un péché que de l'écouter une seule minute... Je l'ai senti, et j'ai eu une bonne intention, car je me suis levée et me suis sauvée en courant jusque dans le jardin... mais là, les sons m'arrivaient plus distincts... et j'ai été vaincue; j'ai fait plus qu'entendre, j'ai écouté. Alors, les pensées graves se sont envolées pour faire place aux pensées frivoles, aux pensées les plus coupables... les images du monde se sont mises à danser et à tourbillonner dans ma tête, éblouissant et charmant mes yeux, pénétrant jusqu'à mes sens... et... je veux te dire tout, Henriette... en avançant dans le jardin, je me suis trouvée à une porte qui donne sur la campagne et que le jardinier avait laissée ouverte... j'ai fait quelques pas au dehors... et vois, chère amie, vois comme je suis encore mauvaise, j'ai

eu l'idée, oui, j'ai eu un instant l'affreuse idée de
m'enfuir... Mais, une chose singulière, qui te
prouvera au moins que j'écoute ce qu'on me dit
et qu'on pourra peut-être faire quelque chose de
moi, ma mère Marie de Jésus m'avait parlé
la veille du démon et de ses ruses... eh bien!
quand j'étais là, tout près de faire le mal, un
pied dans l'abîme, enivrée que j'étais par ces
deux mots : la liberté ! le plaisir ! il m'a semblé
que c'était le malin lui-même qui me les soufflait
à l'oreille, tellement que je n'osais me retourner,
dans la crainte de voir sa hideuse figure : cela
m'a sauvée. J'ai refermé cette porte, qui m'avait
causé une si terrible tentation, et je me suis
acheminée vers la chapelle, où j'ai achevé de retrouver le calme et la raison ; mais je suis demeu-
rée triste toute la journée, en songeant à ma faiblesse et aux combats qu'il me faudrait soutenir.
Et, puis ne me reste-t-il pas un mal réel, profond,

et qui mérite bien quelque pitié, n'est-ce pas,
Henriette? Ce vide du cœur, auquel je suis con-
damnée... On dit que l'amour de Dieu tient lieu
de tous les autres... qu'il vienne donc pour que
je cesse de souffrir !

VIII.

HENRIETTE A N....

Mon cher ami , je suis allée hier porter à
Madeleine la lettre que vous m'avez donnée pour
elle , et dans laquelle vous lui témoignez votre
satisfaction du parti qu'elle a embrassé. J'avais
en outre une belle page d'écriture de Gustave
qu'il avait écrite tout exprès pour être envoyée
à sa petite mère (il la croit toujours en Italie ,

et demande pourquoi elle reste si longtemps).
Avec tout cela j'étais sûre de la rendre heureuse ;
car vous savez, la singulière femme ! qu'elle n'est
jamais si contente que lorsqu'on lui parle de son
mari et de son fils : ces biens qu'elle a pourtant
perdus par sa faute.

Elle était absente quand je suis montée chez
elle , et pendant qu'on était allé la chercher
dans le jardin où elle donnait le bras à la
vieille maman , j'ai examiné sa chambre pour
voir si je n'y trouverais pas des insignes et un
certain parfum de dévotion. Hélas ! il ne m'est
venu que la senteur des roses , qu'elle aime tant
comme vous savez, et dont sa cheminée était
couverte. J'ai déniché aussi quelques petits sa-
chets de patchouly semés dans son linge. Il y a
bien au-dessus de son lit un christ avec un béni-
tier , mais trop joli en vérité. Chez une dévote
bien ferme cela ne m'inquiéterait pas, car la

beauté de l'image ne nuit pas à l'adoration, au contraire : mais pour elle, voyez-vous, il y a encore du monde là-dedans et ce sont toujours ses goûts d'élégance qu'elle a appliqués à notre Seigneur. La preuve c'est qu'avec cette sainte image, qui vient de chez Susse probablement, elle a fait apporter sa toilette Pompadour ; sans doute pour avoir une glace qui ne l'enlaidisse pas. — Enfin, c'est encore la chambre d'une jolie femme, et rien de plus.

Cependant il faut tout dire : en m'approchant de la table où elle écrit, j'ai trouvé d'abord un livre de messe, doré sur tranche malheureusement, et relié en velours ; mais à côté de cela enfin un livre édifiant : la *Vie des saints*. Je l'ai ouvert. Le signet était mis au milieu de la Vie de saint Augustin. Grand saint assurément ; mais qui a bien mal commencé, comme vous savez, et que beaucoup de gens n'imitent que dans la première moitié de sa vie. Aussi vous comprenez le choix de notre pauvre pécheresse. Les autres saints, avec leur vie austère et ascétique du commencement à la fin, leur décourageante perfection, les autres saints lui ont fait peur ; mais saint Augustin, qui a connu le péché, c'est un ami qui vous comprend, c'est presque un frère. Espérons toutefois qu'elle lisait son histoire dans l'intention de finir comme lui.

Enfin, dans le tiroir de son pupitre, que je me suis permis d'ouvrir, j'ai trouvé d'abord un portrait en miniature, monté sur une bague, que j'ai reconnu pour le vôtre, quand vous étiez enfant ; puis les mots suivants écrits de sa main : — « Au « reste, si je ne puis voir mademoiselle Madeleine, « j'ai du moins le plaisir de m'occuper d'elle sans « cesse : je prépare tout pour la recevoir ; je « m'inquiète de ce qui peut lui être commode ou « agréable Je me réjouis de penser qu'à son ré-

« veil elle pourra voir la verdure et entendre les
« oiseaux chanter. Je demande au ciel un peu
« d'eau pour faire pousser le gazon; et j'exa-
« mine avec intérêt des roses qui montent jusque
« sous mes fenêtres pour savoir si elles seront
« écloses dans le bon temps. » — Je me suis demandé d'abord ce que c'était que cela. Enfin j'ai
cru reconnaître une lettre écrite par vous à sa
mère quelques jours avant votre mariage, et dont
elle aura copié ce fragment.

Vous voyez que si elle ne s'occupe pas encore
beaucoup de Dieu, elle s'occupe de vous; c'est,
il me semble, un bon signe que ce retour aux premiers temps de son mariage qu'elle appelle encore,
comme vous, le bon temps, le temps de son innocence et de son amour pour vous. N'est-ce pas
parce que les orages du cœur commencent à se calmer qu'elle aime à reposer sa vue sur ce beau
ciel?

Voici enfin une découverte plus importante,
c'est un cahier de *méditations*. Il est vrai qu'ici
le sacré est encore mêlé au profane ; car ces
graves pensées sont écrites sur un joli papier à
lettre satiné et parfumé ; mais il faut passer là-
dessus et voir le fond. J'ai lu cela sans pouvoir
le transcrire, parce que j'ai été interrompue par
son arrivée : dans cet écrit elle se rend compte
de l'état de son âme. Elle cherche la cause de ce
bonheur inattendu dont elle se sent pénétrée, et
elle l'attribue à la *prière*, qui est pour la fatigue
de l'âme ce que le sommeil est pour la fatigue
du corps, un baume réparateur. « Hélas ! mon
« Dieu, s'écrie-t-elle, si je n'avais cessé de vous
« prier, vous m'auriez défendue contre les pen-
« sées mauvaises, contre les tentations du péché ;
« vous m'auriez soutenue dans ma faiblesse, et
« après mes fautes, si je n'avais pu m'en préser-
« ver, vous m'auriez envoyé plus tôt le repentir,

« qui aujourd'hui remplit mon cœur et me fait
« espérer votre pardon... »

J'étais encore sous l'impression de cette lecture
lorsqu'elle est entrée, et j'allais la féliciter de ses
bonnes dispositions, mais par malheur elle était
dans un accès de folle gaieté. J'ai cru devoir
différer un entretien grave, et, pour lui laisser sa
joie, je lui ai remis votre lettre. Quel bonheur !
s'est-elle écriée en la lisant, mon bon mari est
content de moi. Comme cela m'encourage dans
mes résolutions ! S'il craignait mon inconstance
habituelle, dis-lui bien qu'il se rassure, Henriette,
et que je resterai une année dans cette maison !
comme je l'ai promis. Puis, après avoir vu l'écriture de Gustave : Cher petit, y a-t-il longtemps
que je ne l'ai vu !... Je demanderai à mon mari
une grande faveur ; mais pas encore, il faut que
l'épreuve ait été plus longue... — Elle vous priera
sans doute de permettre qu'on lui amène son enfant.

Il paraît qu'outre la vieille bonne femme elle a rencontré au couvent une personne de connaissance; c'est madame V..., une jeune veuve que nous avons vue chez le général, et qui a, comme vous le savez, une réputation parfaite. Elle passe là les six mois d'été, pour se reposer des fatigues et aussi des ennuis du monde. Connaissant la position de Madeleine, elle l'avait d'abord accueillie très-froidement; mais elle a été ramenée par le bien que lui en a dit la sœur Sainte-Marie de Jésus. Enfin elle a cédé, comme les autres, aux séductions de ce charmant caractère, et aujourd'hui elle l'aime de tout son cœur. Tant mieux, car elle ne pourra lui donner que de bons conseils.

Vous le voyez, mon ami, tout va bien, et l'avenir, qui nous causait de si vives inquiétudes, devient chaque jour moins sombre. Peut-être nos chagrins sont-ils finis?

IX.

MADELEINE A HENRIETTE.

Ma chère Henriette, passe, je t'en prie, le
plus tôt possible, chez mon tapissier, pour lui
commander deux chaises d'église, dont je t'envoie le dessin. Une grande et une petite, en aca-
jou, recouvertes en velours d'Utrecht bleu. Je ne

puis pas me passer de cela : ces chaises de paille me brisent les genoux.

Tu remarqueras que dans celle du devant , il faut un petit tiroir fermant à clef, pour mettre les livres de messe.

Recommande bien au tapissier qu'il y mette tous ses soins... J'ai pris pour modèle les chaises de madame V... Je veux que les miennes soient aussi jolies.

X.

HENRIETTE A N....

Hier, mon ami, en arrivant au parloir, j'ai trouvé la sœur Sainte-Marie de Jésus qui écrivait une lettre. Nous étions seules ; j'en ai bien vite profité pour causer avec elle : je l'ai tout d'abord remerciée des soins spirituels qu'elle voulait bien

donner à la pauvre Madeleine, et de la peine
qu'elle prenait de l'instruire dans la religion. —
Madame, m'a-t-elle répondu, n'appelez pas une
peine ce qui premièrement est un devoir, et, dans
certains cas, un plaisir. Sans doute nous sommes
à plaindre quelquefois : c'est quand nos leçons
s'adressent à des natures ingrates et rebelles qui
les écoutent avec indifférence ou raillerie; mais
votre cousine, au contraire, Madeleine, puisqu'elle m'a permis de l'appeler ainsi, a une
bonne volonté qui rend notre tâche facile : elle a
de plus l'intelligence pour comprendre et le cœur
pour sentir; elle retient mes leçons avec tant de
facilité qu'après mon départ elle les transcrit
presque littéralement. La charité, le plus pré-
cieux de tous nos sentiments, la source de la
grâce et des autres biens que Dieu nous envoie,
elle en est pour ainsi dire pétrie; elle recherche
avec ardeur toutes les occasions de l'exercer : si

je la laissais faire elle passerait sa journée à l'in-
firmerie à servir les malades ; elle donne des soins
à une vieille dame que nous avons ici, avec une
délicatesse et un dévouement qu'on ne trouverait
pas dans la fille la plus tendre. — Jugez, madame, quelle espérance me donnent de si heu-
reuses qualités, à moi qui ai pris à cœur de la
ramener pour toujours au bien. — Ah ! madame,
dis-je à cette bonne sœur, vous serez son bon
ange en ce monde. — Je ne veux pourtant pas
dire, continua-t-elle, qu'elle soit sans défauts.
J'ai à lui reprocher trop de vivacité, et pour
ainsi dire d'impétuosité dans ses paroles et dans
ses actions ; elle ne réfléchit pas assez avant
de parler et d'agir, et de là viennent des incon-
séquences fâcheuses. — Elle a aussi parfois un
premier mouvement d'impatience et de révolte ;
mais mon regard suffit pour qu'elle le réprime
aussitôt. — Ce que je veux encore réformer,

c'est cet incroyable besoin de mouvement qui la rend incapable d'une occupation sédentaire un peu prolongée. Ainsi elle a cru devoir faire un règlement pour l'emploi de sa journée. Vous pouvez le voir, me dit-elle en tirant un papier de sa poche, car j'en ai pris copie pour le lui rappeler à l'occasion ; — tenez : — A 6 heures prière, lever ; — à 7 heures la messe ; — à 8 heures instruction de ma mère Sainte-Marie de Jésus, etc... et, à la fin, la pauvre enfant, qui se défiait d'elle-même a ajouté : Je suivrai ce règlement *le plus possible ;* j'en demande la grâce à Dieu. — Eh bien ! malgré ses excellentes intentions, l'ordre est toujours interverti ; elle ne donne pas à une occupation le temps qu'elle avait fixé. Le besoin de changer de place la fait toujours lever trop tôt.

Mais ce sont là de petites choses dont il ne faut pas s'inquiéter. D'ailleurs on serait presque

fâché de ne pas lui voir commettre de fautes,
tant elle met d'empressement et de grâce à vous
en demander pardon, tant elle reprend vite ces
deux qualités de religieuse, qu'elle possède à un
plus haut degré que nous-mêmes, la soumission
et la docilité. — Hier elle avait manqué à un office, et je la grondais : Ma bonne mère, me dit-
elle, excusez-moi; il y a si peu de temps que je
pratique, je ne suis qu'un enfant dans la piété ;
je vous dirai donc comme les enfants : pardonnez-moi : je ne le ferai plus.

Vous reconnaissez sa gentillesse, n'est-ce pas,
mon ami?

La sœur Sainte-Marie de Jésus continua : Elle
m'a fait l'aveu de ses fautes... J'ai dû l'entendre,
dit-elle en baissant les yeux, parce que nous
autres nous devons connaître toutes les plaies de
l'âme pour les guérir. Ces fautes sont grandes
sans doute; mais son repentir ne l'est pas moins,

et ce qu'il faudra bientôt combattre, c'est son exagération : car ces âmes ardentes sont ainsi faites ; excessives dans le mal, excessives dans le bien. — Elle voudra bientôt, je le prévois, se jeter dans des austérités qui ne sont pas nécessaires, et que nous devons éviter, parce que la modération et le calme sont les qualités qui lui manquent et qu'il faut lui donner à tout prix. — Vous m'aiderez à cela, n'est-ce pas, madame?

—Oh! madame, lui dis-je, comptez sur moi; je ferais tout au monde pour sauver cette pauvre enfant que je n'ai pu m'empêcher d'aimer, même dans sa vie coupable, et qu'aujourd'hui j'aime plus que jamais.

Et il faudra bien, ajouta-t-elle, que M. N... nous aide un peu aussi. — Elle a en son mari une grande confiance, fondée sur une affection vraie et sur une estime profonde.

Dès qu'elle a senti le repentir et le désir de

réparer ses fautes, elle a entrevu la possibilité d'une réunion... — Ma bonne mère, m'a-t-elle dit, croyez-vous que mon mari puisse un jour me pardonner, me rappeler? — Il faut l'espérer, ma chère enfant, lui dis je; mais cela ne peut se faire qu'après un long temps. — Oh oui ! dit-elle, bien long, je le comprends; mais laissez-moi cette espérance, ma mère, elle me soutiendra, m'encouragera, et me rendra capable de toutes les privations et de tous les sacrifices.

Nous la sauverons, madame, soyez-en sûre, me dit, en me serrant les mains, la sœur Sainte-Marie de Jésus; ses défauts disparaîtront peu à peu : la force qui manque à sa tête, elle la trouvera dans son cœur; elle la trouvera en Dieu, surtout quand elle sera bien réconciliée avec lui. Dans quelque temps, oui, dans bien peu de temps, elle n'aura plus que deux pensées : la réparation de ses fautes et sa réunion avec son mari.

Je vous ai rapporté, mon ami, les paroles de cette adorable religieuse, sans toutefois pouvoir les reproduire dans tout leur charme et leur merveilleuse lucidité; mais ce que j'essaierais en vain de rendre, c'est le son de sa voix, si doux et si mélodieux qu'il produisait sur moi l'effet d'une musique religieuse, de ces airs suaves et pénétrants que joue l'orgue dans les moments solennels : au lever-Dieu ou à la communion.

Mais quel bonheur pour Madeleine, et n'est-ce pas un signe bien marqué de la faveur de Dieu qu'elle ait rencontré en arrivant au couvent cette angélique personne? Elle a vu en elle la religion, et elle l'a vue belle, souriante, lui tendant une main secourable, lui promettant le calme et la consolation. — J'allais monter chez Madeleine en quittant la bonne sœur. — Vous ne pouvez la voir aujourd'hui, me dit-elle, elle est en retraite.

— En retraite? et là, en êtes-vous contente? —

Elle y est parfaite d'attention et de recueillement. Je vous dis, madame, que la grâce est
bien près d'elle, si elle n'est déjà dans son cœur.

Voilà de bonnes nouvelles, n'est-ce pas, mon
ami?

XI.

MADELEINE A HENRIETTE.

Ma chère Henriette, fais-moi donc le plaisir
de m'envoyer un commissionnaire pour prendre
ma toilette que tu garderas chez toi. Décidément
ce meuble n'est pas convenable. Personne ici
n'en a de pareil, pas même madame V... la plus
élégante de nos pensionnaires. Ce matin la sœur

Sainte-Marie de Jésus est entrée dans ma chambre : je suis devenue toute rouge ; j'avais peur qu'elle ne me grondât. Cependant elle ne m'a rien dit, probablement par bonté ; mais je ne veux pas m'exposer une seconde fois à la petite morale qu'elle pourrait me faire. Si tu savais comme je crains ses reproches, et comme j'ai à cœur de la contenter ! Dans les premiers temps je lui résistais quelquefois ; mais à présent quelque chose qu'elle m'ordonne, je lui obéis comme une petite fille bien docile obéit à sa mère ; elle est pourtant moins âgée que moi ; mais elle est si réfléchie, si instruite, si sage que je ne suis point humiliée de lui obéir. — Et puis, j'ai lu ces mots dans l'Évangile : « Si vous ne « devenez pas semblable à un petit enfant vous « n'entrerez pas dans le royaume des cieux. » — Est-il possible de recommander l'innocence et la soumission d'une manière plus vive et

plus charmante? Je trouve ce précepte si joli
que je voudrais bien le suivre; mais je ne puis
plus, hélas! retrouver le cœur pur d'un enfant;
il faut donc au moins que j'en aie la soumission, puisque cela dépend de ma volonté. —
J'ai fait de grands progrès dans la foi; je le
sens au bonheur même qu'en j'en éprouve; mais
j'ai des jours de tiédeur et d'abattement : alors
je vais me jeter dans les bras de la bonne sœur
et lui demander secours.

Il y a quelques jours je suis allée la trouver;
tu vas voir pourquoi. — Ma mère, lui dis-je, je
suis aujourd'hui dans un grand découragement,
et il m'est venu, vous ne le croiriez pas, en lisant
un livre bien saint, trop saint pour moi apparemment, l'Imitation de Jésus-Christ : oh! ma
mère, quelle ardeur dans la prière! quelle ten-
dresse de cœur! quelle continuité d'adoration!
Hélas! je le crains bien, je ne pourrai jamais

aimer Dieu comme cela. — Et puis, cet oubli de toute la terre pour ne penser qu'au ciel; ce détachement de toutes choses et de toutes créatures; comment pourrai-je arriver là?... Faudrat-il que je n'aime plus mon mari, mon enfant? Dieu peut-il me demander cela? Puisque c'est lui qui a mis ces affections dans mon cœur; comment peut-il en être jaloux? — Rassurez-vous, ma chère fille, me dit-elle : le livre de l'Imitation a été fait pour des personnes vouées à la vie religieuse, qui doivent par conséquent se consacrer entièrement à Dieu et renoncer à tout pour lui; mais vous qui êtes du monde, vous n'avez pas les mêmes obligations; aimez donc votre mari et votre enfant; mais que cela ne vous fasse pas oublier Dieu : au contraire, souvenez-vous qu'il est l'auteur de tous les biens de la terre; de ces amours honnêtes qui font votre joie; remerciez-le et adorez-le.

Voilà comme elle m'éclaire sur les véritables devoirs de la religion, comme elle me soutient et me relève dans mes jours de détrese.

Et puis, elle m'apprend comment il faut faire pour combattre ses mauvais penchants et pour devenir meilleure. — Si vous voulez arriver, me disait-elle ce matin, à triompher de vous dans les grandes choses, commencez par vous vaincre dans les petites. Ainsi, imposez-vous d'abord une privation qui vous coûte peu, puis une autre qui vous coûte davantage, vous serez étonnée un beau jour de trouver en vous une force que vous ne soupçonniez pas. — J'ai suivi ce conseil, et j'en éprouve des effets merveilleux. Le sacrifice n'est pénible que lorsque la volonté balance ; mais lorsque je m'immole sans hésitation, j'en suis récompensée aussitôt. Il y a même plus de contentement dans le sacrifice, qu'à faire ce qu'on aurait voulu.

Essaie donc de cela aussi, Henriette, car enfin tu as bien tes petits défauts comme tout le
monde. — Mais voyez donc ! ne voilà-t-il pas que
je te fais de la morale ?

Il n'y a pas jusqu'à ma vieille qui ne me dise
parfois de bonnes choses. — Hier soir, j'ai fait
avec elle et la sœur Marie une charmante prome-
nade dans le jardin. — Tout en devisant et en tour-
nant dans les allées, nous nous sommes trouvées
à la chapelle de la Vierge ; là, nous nous assîmes
sur un banc de bois. Le temps était magnifique,
les étoiles commençaient à briller, l'air était tiède
et embaumé par l'odeur des seringas.—Mes chères
dames, nous dit la vieille après quelques instants
de repos, si nous faisions une petite prière ; moi,
le beau temps me donne de l'appétit à prier Dieu.
— Nous nous agenouillâmes toutes trois devant
l'image de la Vierge... mais la prière de la bonne
femme ne finissait pas, et sa tête étant tombée

sur ses mains, nous vîmes qu'elle s'était endor-
mie ; nous la réveillâmes, de peur que l'air du
soir ne lui fît mal.—Tiens, dit-elle, je dormais...
j'aime assez quand pareille chose m'arrive : c'est
comme une répétition que je fais, car, la mort,
qu'est-ce que c'est? s'endormir en priant Dieu.
—Et puis, lui dis-je, se réveiller dans le ciel...
— Bien entendu, me dit-elle, mon petit chien...
Eh ! eh ! mes chers enfants, je verrai ce beau
pays-là avant vous. — Pas encore sitôt, lui ré-
pondis-je, ma bonne madame C..., je l'espère
pour nous. — Le plus tôt sera le mieux. A mon
âge, c'est tout profit... Vous ne savez pas, ma
petite ; quand le moment viendra vous serez près
de mon lit, et vous vous direz à vous-même :
Allons, voilà la pauvre vieille qui s'en va ; et
puis vous me plaindrez bien fort, mais la pauvre
vieille vous dira : Ne me plaignez pas, ma chère
enfant ; dans une heure je serai plus jeune et

aussi belle que vous... Comprend-on, ajouta-
t-elle, les vieilles gens qui n'ont pas de religion ?
faire de la vie un jour sans lendemain, quand on
est justement au déclin du jour...

Toutes ces conversations me font grand bien,
Henriette. Que je serais heureuse dans cette maison, si j'avais la conscience tranquille !...

XII.

MADELEINE A HENRIETTE.

Ma chère Henriette, viens donc un dimanche,
au lieu d'aller à ta paroisse, entendre la messe
à notre chapelle. Dans les églises de Paris on
est souvent distrait, quoi qu'on fasse, par le
bruits de la rue, par le mouvement des prome-

neurs ; mais chez nous , quel calme ! quel recueillement parmi les assistants, qui sont de vrais
fidèles ; et puis ces voix de religi uses derrière
le chœur , et cette voix, qu'on distingue entre
les autres , de la sœur Sainte-Marie de Jésus ; car
elle chante comme elle parle : c'est une douceur
et une suavité incomparables. Quand, avec cela,
il fait beau ; que les rayons du soleil se jouent à
travers les vitraux coloriés , et illuminent les riches ornements de l'autel..... Nulle part, vois-tu,
on ne peut être aussi bien pour prier Dieu.

C'était hier la fête de la Vierge. Dans le monde,
quand l'almanach indique un jour férié , on va à
la messe et voilà tout; mais ici, un pareil jour,
on le célèbre avec une joie véritable. C'est comme
dans une bonne famille , quand est venue la fête
de la mère , on voit bien cela : il y a dans toute
la maison un air de contentement et de gaieté ;
les visages sont radieux. Eh bien ! dans un cou-

vent, c'est la sainte Vierge qui est la mère de
famille que l'on aime, à laquelle on rend hommage. La jolie chapelle du jardin était couverte
de fleurs. Au-devant, des magnolias rangés en
avenue ouvraient leurs tulipes d'une éclatante
blancheur ; le chemin par lequel on arrive était
tout jonché de feuilles de roses blanches. Les
religieuses y sont allées en procession avec leurs
bannières. C'était quelque chose de charmant.
— Je me suis mêlée à ces pieuses cérémonies,
mais timidement et en me tenant un peu à
l'écart : tu comprends pourquoi... Ces saintes
filles ont le cœur pur ; elles n'ont jamais offensé
Dieu gravement. Le passé pour elles ressemble
au présent. Une vie honnête, tranquille, tout
entière au devoir et à la prière... Mais moi!...
moi!...

Avec quelle impatience j'attends de tes nouvelles! Je compte bien que tu réussiras dans ta

négociation. Mon mari est juste : il doit reconnaître que je suis devenue un peu meilleure ; et encore s'il savait où j'en suis ! S'il pouvait lire dans mon âme !... Je vis donc avec l'espérance de voir bientôt ce cher enfant.

XIII.

Certes, mon ami, si vous aviez été avant-
hier au couvent, vous ne vous seriez pas re-
penti de la bonté que vous avez eue de permettre
que Madeleine vît son enfant. C'était une joie
impossible à décrire, et une joie double ; car les

pauvre petit, lui aussi, a été bien heureux de revoir sa mère. Elle l'a mené partout : dans le jardin, dans la chapelle, où elle lui a fait faire une prière; puis elle est allée, toute triomphante, le montrer à la sœur Sainte-Marie de Jésus, à madame N..., à la vieille dame, à toute la maison. — Mais j'ai à vous dire une chose singulière, que, du reste, la fin de ma lettre vous expliquera. Quand les effusions de la joie eurent été calmées, et comme nous étions tous trois dans la chambre de Madeleine, elle est devenue pensive; ses traits ont pris peu à peu un aspect sombre; enfin elle s'est caché le visage dans ses mains, et s'est mise à fondre en larmes. Gustave et moi, nous nous sommes empressés autour d'elle; mais elle nous a repoussés, et s'est élancée hors de la chambre. Elle est restée absente un quart d'heure, et elle est revenue moins agitée, mais toujours pensive J'ai voulu avoir quelque explication. Je n'ai rien, je n'ai rien, m'a-t-elle dit.

Peu de temps après nous sommes partis : elle a embrassé Gustave, et nous a dit adieu tristement.

Le lendemain, c'était hier, étant retournée au couvent, je montai à la chambre de Madeleine sans me faire annoncer ; la porte était entr'ouverte : j'ai aperçu votre femme à genoux devant un fauteuil, et priant. De temps en temps elle prenait son mouchoir placé auprès d'elle, et paraissait essuyer des larmes. J'attendis que sa prière fût finie, et, quand elle se leva, je toussai un peu pour annoncer ma venue. Elle s'essuya bien vite les yeux, et vint à ma rencontre. — Bonjour, Madeleine, lui dis-je en l'embrassant, comment vas-tu aujourd'hui ? — Bien, me dit-elle. Comment se porte mon mari ? — Bien. — Et mon petit Gustave ? — Très-bien aussi... mais, chère petite, lui dis-je en la regardant de

plus près, je te trouve l'air triste. — Je suis
triste, en effet. — Et qu'as-tu donc, ma pauvre
enfant? as-tu éprouvé ici quelque contrariété,
quelque chagrin? — Oh non! ces dames sont
toujours pleine des bontés pour moi... mais...les
souvenirs... Et les larmes lui venaient aux yeux.
— Les souvenirs ! regretterais-tu le monde, et te
repentirais-tu du parti courageux que tu as pris?
— Ah grand Dieu! au contraire... le monde,
pourquoi l'ai-je connu et aimé?... pourquoi ne me
suis-je pas réfugiée plus tôt dans cette sainte maison?... Ces souvenirs, qui me font pleurer...
vois-tu, Henriette, ce sont des remords... — Le
remords, c'est le repentir : pleure alors, ma pauvre amie, laisse couler tes larmes ; elles soulage-
ront ton cœur et attireront sur toi le pardon du
ciel. — J'en ai besoin, me dit-elle, la religion
m'a éclairée... et cet enfant... cet enfant... oh !
je me vois maintenant telle que je suis, et je

suis bien criminelle. J'ai manqué à mes devoirs
d'épouse et de mère; j'ai fait le malheur de
mon mari; j'ai perdu le droit d'élever mon enfant, et j'ai mérité son mépris... misérable que
je suis! Et elle s'est jetée à genoux devant un
fauteuil, la tête appuyée sur ses mains jointes,
éclatant en sanglots. Puis elle s'est bientôt relevée. — Tous ces objets de luxe me sont odieux,
dit-elle avec exaltation et emportement; je veux
qu'on les vende, et qu'on en donne le prix aux
pauvres... Loin de moi ces parures de femme
mondaine qui m'ont perdue; c'est un cilice
qu'il me faut... et cette maison... comment
suis-je dans cette maison, quand je devrais
être, comme sainte Madeleine, dans un désert...
Adieu, Henriette, laisse-moi, laisse-moi, j'ai besoin de prier... Et elle est sortie précipitamment. Je l'ai suivie, et je l'ai vue entrer dans la
chapelle, dont elle a refermé la porte, elle est

sortie au bout d'un quart d'heure. — Ah ! tu es
restée là, me dit-elle, ma bonne Henriette; eh
bien ! me voilà plus calme... j'ai pris une résolution. — Et laquelle? — Tu sauras cela plus
tard. — Elle m'a dit adieu en m'embrassant, et
elle est remontée dans sa chambre.

Qu'est-ce que cette résolution? J'ai voulu
causer de cela avec la sœur Sainte-Marie de
Jésus, et lui dire que ses craintes d'exagération
se réalisaient déjà ; mais elle présidait la retraite,
et je n'ai pu lui parler.

J'irai au couvent demain.

XIV.

HENRIETTE A N....

Mon ami, j'ai reçu hier soir de Madeleine la lettre suivante :

« Ma chère Henriette, je t'écris du couvent de Saint-Hilaire , où je me suis fait conduire ce matin. Je recevrai tes lettres avec plaisir ; mais tu n'auras point de réponse. Ne viens pas me voir; je me suis promis de ne recevoir personne absolument, et je tiendrai ma promesse. Dis à mon mari que je vais expier mes fautes comme elles doivent être expiées; que je travaillerai dans l'isolement et la pénitence, et en tâchant de renouveler mon âme, à reconquérir son estime, sans laquelle je ne puis plus vivre. Embrasse mon enfant; me voilà pour longtemps privée de le voir; mais au moins il retrouvera une mère qu'il pourra aimer et respecter. Adieu. »

Au reçu de cette lettre, j'ai couru au couvent de la Nativité, et j'ai demandé la sœur Sainte-Marie de Jésus.—Eh bien! m'a-t-elle dit en m'abordant, ne l'avais-je pas prédit? Je redoutais un parti violent, et il m'a été impossible de l'empêcher. A mes observations Madeleine a répondu : —

Non, ma mère, non ; vous avez beau dire, cette maison est trop douce pour moi ; j'y suis trop heureuse. Il ne faut pas être dans le paradis, quand on mérite l'enfer. — J'ai insisté ; elle a tenu ferme. Enfin, comme je voulais faire renvoyer la voiture, Madeleine s'est violemment emportée. — On ne peut pas me retenir ici, dit-elle, je suis maîtresse de mes actions. — Puis aussitôt elle s'est jetée à mes pieds en pleurant. Ah ! pardon, ma mère, pardon, m'a-t-elle dit, je suis toujours votre fille respectueuse et soumise ; mais ne m'arrêtez pas dans ma résolution ; c'est Dieu qui me l'a inspirée. — Il a bien fallu céder. Je lui ai donné une lettre de recommandation pour la supérieure de Saint-Hilaire, et elle est partie, laissant ici des regrets qui ont été jusqu'aux larmes. Vous me voyez encore tout affligée du départ de cette pauvre enfant ; mais ne nous inquiétons pas trop, Madame, la foi est entrée dans son âme, et maintenant c'est Dieu qui la guidera.

Soyons donc rassuré, mon ami, par les paroles de la bonne sœur, et attendons.

Si Madeleine persistait à ne pas me recevoir et à ne pas m'écrire, j'aurais de ses nouvelles indirectement au couvent de la Nativité. On m'a promis de m'en donner.

XV.

N.... A HENRIETTE

Ma chère Henriette, avant de vous rendre
compte de ma visite à Saint-Hilaire, je vous
envoie la lettre que Madeleine m'avait écrite,
après cinq mois de séjour dans cette maison.

« Mon ami, permettez-moi de vous donner ce

nom, qui autrefois vous était si doux, et qui me
rappelle à moi aussi le temps de mon bonheur ;
s'il se retrouve aujourd'hui sous ma plume, c'est,
croyez-le bien, parce que je me sens digne de
le prononcer. — Laissez-moi d'abord vous remercier de ce que vous avez bien voulu m'envoyer
mon enfant. J'ai reconnu là votre bonté. Hélas !
cet amour si tendre que vous aviez pour moi, et
dont j'ai méconnu le prix, vous êtes parvenu, je
le sais, à l'arracher de votre cœur, et il n'y peut
plus revenir, n'est-ce pas?... Mais il vous est
resté, du moins, j'en ai eu souvent la preuve, quelque intérêt pour la mère de votre enfant, quelque
pitié pour la pauvre femme qui a déjà payé ses
fautes par bien des souffrances. Merci donc mille
fois de l'instant de bonheur que vous m'avez
procuré. J'ai pu serrer mon enfant dans mes
bras ! J'ai pu goûter une de ces joies pures dont
j'étais déshabituée depuis si longtemps ! C'était

là une douce récompense des efforts que j'ai faits pour revenir au bien.

« Vous avez appris, car je sais que vous vous occupez de moi, que vous veillez toujours sur moi, non plus comme autrefois pour me rendre heureuse, puisque je ne puis plus l'être, mais pour me protéger dans le danger, me soutenir dans le malheur ; vous avez appris que j'avais quitté le couvent de la Nativité, et on vous a dit quels avaient été mes motifs. — Oui, dès que mon âme s'est ouverte aux vérités de la religion, le voile qui couvrait mes yeux s'est déchiré, je me suis vue telle que j'étais, et j'ai eu horreur de moi ; Dieu peut-être m'avait pardonné, car il ne demande que le sincère repentir, et il le voyait dans mon cœur ; mais vous que j'avais tant offensé, vous auquel je n'avais apporté, en échange de votre amour, de votre bonté, de votre indulgence, de votre générosité, que tourments et malheurs, vous qui deviez toujours douter de moi, pouviez-vous me pardonner sans une expiation proportionnée à mes fautes, c'est-à-dire longue et sévère? — Ce couvent où j'étais, c'est un si délicieux séjour ! j'y avais de si tendres et de si consolantes amitiés, que la pénitence y paraissait impossible. Il faut que la pénitence soit une chose rude et douloureuse pour racheter les plaisirs coupables qu'on a goûtés et le mal qu'on a fait. — J'ai donc cherché un lieu de souffrance et de misère, et je l'ai rencontré ici. Je n'ai voulu y recevoir personne de ceux que j'aime, afin de me priver de toute espèce de plaisir. Il y a bientôt cinq mois que je vis ainsi. Laissez-moi vous donner quelques détails sur ma vie, non pas, croyez-le bien, pour vous attendrir ; mais pour vous montrer quel courage on peut trouver dans la foi religieuse et dans la pensée de réparation.

«Je couche dans une cellule éclairée par une
de ces petites fenêtres à six pieds du sol, qu'on
appelle, je crois, jour de souffrance. Mon mobilier se compose uniquement de mon lit, c'est-
à-dire deux matelas bien secs, une petite table
et une chaise. — Je me lève à six heures du
matin et je me couche à neuf heures du soir.
Maintenant, comment la journée se passe-t-elle?
L'emploi en est fixé par un règlement que je
pourrai vous montrer, et que vous trouverez
sans doute bien sévère : la prière, les lectures
et les instructions pieuses, le travail à l'aiguille,
tout cela doit se succéder en observant le silence
le plus absolu, et à peine, en cas d'infraction, de
pénitences assez rigoureuses ; j'en sais quelque
chose ; car, dernièrement, ayant répondu avec
trop de vivacité à l'une des mères religieuses (vous
reconnaissez ma mauvaise tête), j'ai été obligée
de me mettre à genoux, au milieu de la classe,

et de dire : Ma mère, je vous demande pardon de
vous avoir offensée ; mes sœurs, pardonnez-moi
de vous avoir scandalisées. — Et toutes ont répondu : Ma sœur, nous vous pardonnons. — C'est
la forme.

« Aux heures de récréation, je me promène dans
le jardin : pauvre jardin où la hauteur des murs
empêche les arbres de pousser, et qui ressemble à
un cimetière. — J'y ai ordinairement pour société
une religieuse. Car mes compagnes, il faut bien
le dire, n'ont rien de séduisant ; ce sont toutes
des filles du peuple, qu'on envoie là pour les
guérir d'une corruption précoce ou de mauvais
penchants ; quelques-unes même après une con-
damnation correctionnelle : vous comprenez
combien leur langage doit être commun et gros-
sier. Je dois reconnaître pourtant qu'elles ont
pour moi des égards et une sorte de respect tout
particulier.

« Vous, mon ami, qui êtes frileux, si jamais vous entrez dans un couvent, cherchez-en un mieux chauffé que celui-ci, car on y souffre bien du froid. Heureusement, par une faveur toute spéciale (on me traite en enfant gâté), on m'a permis une chaufferette qui me soulage un peu, et me sert en outre, quand c'est mon tour au réfectoire de faire la lecture ou de servir les autres, à réchauffer mon petit dîner.

« D'après ce récit, vous allez croire que dans ces cinq mois j'ai été bien malheureuse; eh bien! vous vous trompez : sans doute le corps souffre un peu, n'étant pas habitué à de pareilles austérités, et, le voluptueux qu'il est, il fait entendre quelques murmures; mais l'âme est tranquille et souvent contente, tant il y a satisfaction dans l'accomplissement du devoir; — Je dis souvent, non toujours; car, pauvres mortels que nous sommes, nos forces ont leurs limites; nos humeurs sont

inconstantes et variables, et ce qui nous a con-
tentés un jour ne nous suffit plus le lendemain ;—
j'en fais l'épreuve en ce moment. Je suis depuis
quelques jours sous le poids d'un découragement
et d'une tristesse que je ne puis surmonter. Je
m'en suis confessée aux bonnes sœurs, et elles
attribuent cela à ce long jeûne d'affection que je
me suis imposé. Elles me conseillent de voir des
personnes de ma famille ou de mes amis. J'écri-
rais bien à la bonne Henriette; mais l'appétit
est si grand qu'elle ne pourrait le satisfaire. Mon
petit Gustave... il y a six mois que je ne l'ai vu,
et vous comprenez quel bonheur j'aurais à l'embrasser; mais je ne veux pas qu'il me voie ici.
On aurait beau lui dire que c'est un couvent, il
appellerait cela une prison, et il lui resterait ce
souvenir d'avoir vu sa mère en prison. Non, cela
ne se peut pas.— Il n'y a donc plus qu'un moyen
de remplacer cette joie que je me refuse... vous

devinez, n'est-ce pas? Venez me voir, mon ami;
venez consoler un instant la pauvre recluse; l'en-
courager, lui serrer amicalement la main, la
guérir, puisque son mal lui vient du cœur. Après
cela, je le sens, je serai plus forte pour continuer
ma pénitence. Je vous attends, car vous ne
m'avez jamais manqué quand j'ai eu besoin de
vous.

« Adieu.

Madeleine. »

— Vous comprenez, chère Henriette, combien cette lettre m'a ému. Si j'avais suivi mon
premier mouvement, j'aurais couru aussitôt à
Saint-Hilaire; mais j'ai cru qu'il valait mieux
ne pas montrer trop d'empressement, et, comme
tous les faibles qui veulent faire les forts, j'ai exa-
géré, car j'ai attendu huit jours, et c'était trop. —
Alors j'ai reçu de Madeleine la lettre suivante :

« Huit jours se sont passés, mon ami, ne recevant pas réponse de vous; j'ai attendu chaque jour votre visite, mais vainement. En espérant que vous viendriez me voir, aurais-je trop présumé de votre bonté? Mais non, c'est impossible. — Peut-être, j'y songe, craignez-vous que dans cette entrevue je ne vous demande un pardon... que vous ne voulez pas et ne pouvez pas encore me donner. — Rassurez-vous donc; depuis que mes yeux se sont ouverts, j'ai compté et mesuré mes fautes, et avec elles, le temps qu'il faut pour les réparer. Je ne vous redemande pas encore votre estime, n'ayant pas assez souffert pour que vous me la rendiez; mais la pitié, cette aumône du cœur que vous m'avez toujours faite, me la refuserez-vous maintenant?

« Si vous ne venez pas de suite, écrivez-moi, car j'aurais des craintes sur votre santé. Oui,

je vous croirais plutôt malade que de cesser de
croire à votre bonté.

« MADELEINE. »

A la lecture de cette lettre j'ai eu honte de ma
dureté, et je suis parti aussitôt. — Vous m'a-
vez fait une description si séduisante du couvent de la Nativité que je m'attendais à trouver une grande différence entre ce couvent et
celui de Saint-Hilaire, qui est une maison de discipline, mais le contraste a dépassé tout ce que
je pouvais imaginer. — Figurez-vous dans l'une
des rues les plus étroites et les plus laides de Paris une grande porte en renfoncement. Dès qu'elle
s'est ouverte, au son d'une cloche lugubre comme
un beffroi, une petite cour sombre et si humide
qu'il y pousse, non pas seulement du gazon, mais
de longues herbes de la famille des roseaux. —
A gauche un puits, dont les pierres sont cou-

vertes de mousse : à droite le portail d'une chapelle sans aucun caractère : au fond de cette
cour la loge de la tourière, et après un étroit cor-
ridor, le parloir, qui ressemble à ces espèces
d'antichambre que l'on trouve à l'entrée des pri-
sons. Une pièce noire et froide où l'eau suinte
le long des murs et sur le carreau. Elle ne con-
tient d'autres meubles que deux vieilles chaises
et un poële démantelé; la seule chose qui pa-
raisse en bon état, c'est l'armure défensive du
couvent contre le contact du monde, la grille,
dont les mailles sont tellement serrées qu'on peut
à peine y passer le doigt; elle laisse voir de
l'autre côté une porte vitrée en petits carreaux
jaunis qui donne sur une cour étroite. Je me suis
assis et j'ai attendu là une grande demi-heure,
le corps et l'âme glacés. Dans la demi-obscurité
de ce triste lieu mes pensées avaient pris peu à
peu une teinte funèbre, et à force de regarder

fixement devant moi de grandes rosaces noirâtres
dont le papier est parsemé, j'avais fini par y
voir des têtes de morts. J'étais immobile et op-
pressé par une espèce de cauchemar lorsque enfin
la porte vitrée s'est ouverte, et une religieuse est
entrée, non la sœur Sainte-Marie de Jésus, votre
jolie madone, mais une grande femme, un peu
âgée, au regard sévère; c'était la supérieure. Je
dois dire toutefois qu'elle m'a reçu avec beaucoup d'aménité. — Monsieur, m'a-t-elle dit,
votre présence ici va rendre une personne bien
heureuse, et il faut convenir que la pauvre enfant a grand besoin de cela. — Est-elle malade?
m'écriai-je. — Non, mais souffrante : cela n'est
pas étonnant; cette vie est bien rude pour elle :
son courage seul la soutient; mais elle est au
bout de ses forces; il était temps qu'elle eût un
peu de distraction, surtout de satisfaction de
cœur; et rien ne peut lui faire plus de bien que la

visite de son mari, de son bon mari dont elle
nous a si souvent parlé. — A ce moment Madeleine est entrée précipitamment ; elle s'est jetée
à genoux au pied de la grille en versant des
flots de larmes. Je ne pouvais lui tendre la main
à cause de cette horrible grille, mais je lui ai
dit, avec le meilleur accent de bonté que j'ai pu
trouver : Relevez-vous, relevez-vous, ma chère
enfant. —Elle portait le costume des pénitentes :
la simple cornette blanche, sans plis ni tuyaux,
la robe de bure bleue, le tablier de laine noire
et un petit fichu blanc.

Vous souvient-il, Henriette, d'un bal que
donna madame de Roncal quelques jours après
notre mariage ? Il y avait là trois nouvelles ma-
riées, jolies toutes trois ; mais Madeleine obtint
la palme, qu'elle méritait, par sa fraîcheur en-
fantine, par sa physionomie étincelante de bonheur, par sa grâce incomparable. — Eh bien !

le croiriez-vous? dans cette affreuse prison de
Saint-Hilaire, à côté de la pauvre pénitente
inondée de larmes et s'humiliant à mes pieds, la
jeune mariée m'est apparue telle qu'elle était,
pure et radieuse, objet d'admiration et d'envie,
dans ce salon resplendissant de lumières et embaumé de fleurs; avec sa blanche parure, la couronne de roses blanches posée sur ses cheveux,
son bouquet au côté. — Ce souvenir d'un des
plus doux instants de ma vie aurait pu amener après lui la mémoire de tout ce que j'ai
souffert; mais non : dans cet instant solennel,
le mal était pardonné et oublié, et en présence
de cette double image du délicieux passé et du
triste présent, je ne me sentais au cœur qu'une
tendre et profonde pitié.

Quand elle s'est assise devant moi, j'ai été
frappé de sa maigreur et de l'altération de ses
traits. La pauvre femme a bien plus souffert

qu'elle ne le dit; elle est toujours jolie cependant, ou pour mieux dire, de jolie qu'elle était, elle est devenue belle; d'une beauté grave qui porte la double empreinte des douleurs résignées de la pénitence et des consolations enthousiastes de la foi.

Après m'avoir remercié avec effusion, après m'avoir demandé des nouvelles de Gustave et de vous, elle est entrée dans de nouveaux détails sur sa vie; puis, chose singulière, et qui tient à cette mobilité d'impressions que vous lui connaissez, elle a repris de la gaîté.—Mon mari est là depuis longtemps, dit-elle en riant à la religieuse... Ah! ma mère, vous aurez profité de mon absence pour dire du mal de moi. — Non, mon enfant, dit la supérieure, je n'avais encore eu que le temps de dire le bien; le mal serait venu; mais ç'aurait été bientôt fait : quelques mots sur cette tête, dit-elle en lui frappant doucement le front. — Ah oui? dit Madeleine, une tête folle... Est-il possible qu'on ne puisse pas me changer cette tête-là? C'est dommage; car le cœur n'est pas mauvais... Allons, voilà que je me vante et que je commets le péché d'orgueil...

Je l'ai enfin quittée bien heureuse de m'avoir vu. Je ne veux pas qu'elle reste plus longtemps dans cet odieux cachot. Allez la voir à votre tour, Henriette, et entendez-vous avec elle pour le choix d'un autre couvent. Si elle se refusait à changer, dites-lui que je le désire, et au besoin, puisque j'ai encore de l'empire sur elle, que je l'exige absolument.

Comme je m'en allais, la supérieure m'a prié d'aller l'attendre dans la loge de la tourière, et elle est revenue quelques instants après, tenant une boîte dans les mains. Monsieur, me dit-elle, voilà un objet que je crois devoir vous remettre.— J'ai ouvert la boîte, et j'ai trouvé d'abord sur un papier ces mots, écrits de la main de Madeleine :

Mes cheveux coupés à Saint-Hilaire lorsque j'ai pris le costume des pénitentes. — Le plus beau jour de ma vie!— Oui, c'étaient ses beaux cheveux dont elle était si fière autrefois : les deux nattes qui encadraient si gracieusement son visage... Et le jour où cette parure est tombée sous le ciseau, elle l'appelle le plus beau jour de sa vie.

Quelle exaltation ! mais aussi quelle preuve de sincérité ! quel témoignage de sa foi vive et ardente !

XVI.

HENRIETTE A N....

Vous comprenez, mon ami, qu'au reçu de
votre lettre j'ai couru bien vite voir Madeleine.
J'avais respecté son désir d'isolement, mais il y
avait longtemps, vous le savez, que mon cœur en
souffrait. Je lui ai fait part de vos intentions. Elle
a résisté d'abord, en disant qu'elle voulait au moins

compléter ses six mois de séjour ; mais enfin je
l'ai emmenée, après de tendres adieux des religieuses qui l'aimaient comme elle est aimée partout. Je l'ai conduite chez moi où j'avais fait venir Gustave, et vous jugez quelle a été la joie de
la mère et de l'enfant. Je les ai laissés ensemble,
et je suis allée m'entendre avec la supérieure d'un
couvent dans le faubourg du Roule, dont on m'a-
vait parlé. — Dès le lendemain, elle a voulu s'y
rendre, prétendant que le bruit des voitures et de
la rue, auquel elle n'était plus habituée, l'étour-
dissait et l'empêchait de prier Dieu. — C'est un
couvent extrêmement pauvre, et je prévois que
là encore elle aura à subir des privations de toutes
sortes : mais c'est justement, dit-elle, ce qu'elle
désirait. Je l'ai installée dans une toute petite
chambre donnant sur le jardin, et la première
chose qu'elle a faite en rangeant ses hardes a été
de porter à la supérieure une robe de satin, la

dernière qu'elle ait mise au bal ; ses plumes, ses dentelles : tout cela pour faire des ornements d'autel , et sa robe de velours noir qui doit servir pour les messes des morts. — La supérieure est jeune et fraîche sans être précisément jolie ; mais elle a une physionomie ouverte et gaie qui a beaucoup plu à Madeleine.

Pour s'occuper à l'intérieur, on lui donnera une jeune fille pauvre à instruire et à diriger. Cette marque de confiance lui a fait grand plaisir, et elle est déjà heureuse de sa qualité et de ses fonctions d'institutrice.

Elle pourra sortir quelques heures par jour. C'est moi qui ai demandé cela, et ne vous en effrayez pas, mon ami. Elle n'est plus, croyez-le bien, la femme faible et légère pour laquelle tout était danger. N'a-t-elle pas fait ses preuves de force? Elle a d'ailleurs maintenant une arme défensive toute-puissante, c'est la religion.

Elle compte employer ses loisirs du dimanche à entendre de bons prédicateurs , pour ensuite , dit-elle, vous prêcher elle-même et vous convertir. Ainsi vous voilà bien averti.

XVII.

MADELEINE A N....

Vous rappelez-vous, mon ami, une certaine
petite folle nommée Madeleine, que vous aimiez
bien pourtant : mais si ignorante que ses naïve-
tés vous faisaient souvent rire : si bête ! qu'elle
ne comprenait pas les belles et bonnes choses
que vous lui disiez; qui enfin, pendant vos

doctes leçons, se regardait dans la glace, ou faisait une pirouette, ou courait vous embrasser.

— Eh bien! ne voilà-t-il pas que cette même pauvre personne est chargée aujourd'hui de faire une éducation, et qu'elle ne s'en tire pas trop mal! C'est donc, mon ami, qu'elle a trouvé un meilleur maître que vous; mais n'en ayez aucune jalousie, car ce maître-là, c'est celui de bien d'autres : c'est Dieu. — Henriette a dû vous écrire qu'on m'avait chargé d'instruire une jeune fille et de la préparer pour la première communion. J'ai cru d'abord que cette tâche était au-dessus de mes forces; mais non. J'ai si bien écouté ma mère Sainte-Marie de Jésus et les bonnes sœurs de Saint-Hilaire, j'ai tant lu, tant écrivaillé, et tant prié surtout depuis mon entrée au couvent, qu'il m'est resté de tout cela, à ce qu'il paraît, une petite érudition religieuse que je suis en état de transmettre aux autres. Aussi, maintenant que j'ai fait l'essai de mes talents, vous n'avez qu'à bien vous tenir.

De même que les orateurs qui ne sont pas bien sûrs d'eux, écrivent leurs discours, j'avais écrit à l'avance ma règle de conduite avec mon élève. — Douceur, bonté, dignité : une tenue grave, mais sans affectation aucune. Lui apprendre les délices de la vie spirituelle et combien sont grandes les joies d'une âme qui n'est qu'à Dieu. Puis, connaître ses défauts et l'aider à s'en corriger ; former son jeune cœur et son jugement, pour qu'ensuite elle puisse suivre toute seule la route qui conduit à la céleste patrie. — Eh bien ! vous ne croiriez pas que je suis parvenue à suivre tout cela très-ponctuellement, en me disant sans cesse : Soyons la seconde mère de cette pauvre fille, donnons-lui tout ce qui m'a manqué, et peut-être me devra-t-elle une vie honnête ; heureuse par conséquent.

J'espère que vous viendrez me voir dans l'exercice de mes fonctions. Ma mère supérieure désire beaucoup votre visite; c'est une jeune femme bonne et aimable. Je l'ai prévenue que vous aviez grand besoin d'être *catéchisé*. Mais n'ayez pas peur ; elle est comme toutes les vraies religieuses : indulgente, gaie, ennemie de toute bigoterie, et elle vous parlera de Dieu de manière à vous le faire aimer.

Je ne sais ce qu'il en sera pour moi dans l'autre monde et si je ne me plaindrai pas d'y avoir trop chaud ; mais il est décidé que dans celui-ci je ferai pénitence de mes fautes par le froid. Je n'ai point de cheminée dans ma chambre, et je comptais sur celle de la pièce d'à côté, où se tiennent les sœurs, mais on n'y fait point de feu ; elles sont si pauvres qu'elles n'ont pas d'argent pour acheter du bois : j'en aurais bien fait venir à mes frais, mais j'ai craint de me donner

des airs de petite maîtresse , et après tout, puisque les religieuses supportent le froid , je puis
bien faire comme elles. D'ailleurs il faut espérer
que cet hiver finira.

XVIII.

MADELEINE A N....

Voyez, mon ami, comme le bien peut venir
du mal, et comme une petite souffrance peut
amener un grand plaisir. Je vous ai dit que j'a-
vais froid à mon couvent. Cela m'a fait songer
aux malheureux qui manquaient de bois, chose
aussi nécessaire que le pain, dans cette rigou-

reuse saison. Je fais quelquefois l'aumône à une jeune femme qui mendie au coin du boulevard avec un enfant dans les bras. Je lui ai demandé son adresse, et j'ai imaginé un beau matin de monter chez elle, accompagnée d'un commissionnaire portant une charge de bois. Vous comprenez que j'ai été accueillie par des bénédictions. Il y avait là deux enfants qui grelottaient et cherchaient à se réchauffer l'un contre l'autre. On a allumé le feu devant moi, et aussitôt ces pauvres créatures sont venues s'accroupir auprès du foyer, en approchant leurs petites mains, et avec la chaleur, la vie revenait, et le babillage, et la gaieté. Rien n'est si joli, je vous assure, que de voir son petit bienfait qui flambe, pétille, éclate et illumine sur les visages la joie qu'il vient apporter. — Faites donc la charité de cette manière, mon ami, et vous verrez qu'on y trouve du bonheur.

XIX.

MADELEINE A N....

Mon ami, la journée d'hier a été pour moi grave, solennelle et instructive. J'ai vu ce qu'il faut nous habituer à voir, puisque cette heure viendra inévitablement pour nous ; j'ai vu mourir. — Nous avions ici une pauvre jeune fille de dix-sept ans, atteinte d'une pulmonie incurable. J'allais souvent la voir, lui donner des soins, tant j'avais été charmée de sa douceur et de sa résignation. Hier, après avoir reçu le viatique, sentant venir ses derniers moments, elle a demandé la supérieure et madame Madeleine. Nous nous sommes aussitôt rendues auprès d'elle ; mais déjà elle ne pouvait plus parler. Elle nous a dit adieu de la main et du regard, et peu d'instants après, sans souffrir, les yeux levés au ciel, et pleine de confiance en Dieu, elle a rendu le dernier soupir. C'est ainsi que je voudrais quitter ce monde : doucement et saintement. — La vue de la mort ne m'a pas paru aussi redoutable que je le croyais. Autrefois je me serais enfuie à la vue d'un cadavre : j'ai contemplé celui-là sans frémir, et au contraire, avec cette pensée douce et consolante : elle a quitté cette terre de souffrance, et maintenant elle est heureuse dans le ciel. — Le tout est de bien mourir. Aussi, dès demain, j'ai un petit crucifix que je vais faire indulgencier pour la *bonne mort*. Ceci est du langage de dévote ; mais il ne faut pas vous en moquer, mon ami : vous me direz que pour bien mourir, une âme bien préparée, un courage solide et la confiance en Dieu valent mieux que tous les crucifix du monde ; mais c'est égal, on ne doit pas négliger ces petites choses-là. A propos, avez-vous soin de porter la médaille miraculeuse que ma mère supérieure vous a donnée lors de votre dernière visite ? Pourquoi avez-vous fait une plaisanterie en la recevant ? On vous croirait impie, et cependant vous ne l'êtes pas. Vous croyez à Dieu et à une autre vie. Mais je voudrais vous voir plus avancé que cela ; car ce déisme, qu'est-ce que c'est ? Une croyance qu'on prend et qu'on laisse à volonté ; à laquelle on songe un instant quand la vie est mauvaise, et qu'on oublie dès qu'elle devient bonne. — Vous rappelez-vous ce M. Barimont qui s'est mis à croire en Dieu et à une autre vie après la mort de sa femme, parce qu'il espérait la retrouver au ciel;et qui plus tard, lorsqu'il se fut consolé avec une seconde, ne croyait plus à rien du tout?

A coup sûr vous n'en êtes pas là , mais enfin, ce Dieu auquel vous croyez , dites-moi, l'aimez-vous? Le priez-vous? Non. Eh bien, qu'est-ce qu'une religion sans prière et sans amour? Il n'en faut pas davantage pour vous faire voir que ce n'est même pas une religion : c'est une opinion, voilà tout. On pense qu'il y a un Dieu; c'est vraiment bien heureux ! Où en serais-je moi, je vous le demande, si je n'avais eu que cette croyance vague et stérile qui ne peut ni élargir l'âme, ni échauffer le cœur? Aurais-je puisé en elle la force qu'il me fallait pour renoncer au monde et pour faire pénitence? Est-ce en regardant en l'air, comme font les déistes, que j'aurais remplacé l'autel où j'ai pu me prosterner, et prier, et pleurer? Quelle consolation aurais-je trouvée là? Me serais-je cru pardonnée du ciel si je n'avais eu le prêtre pour écouter l'aveu de mes péchés et m'en absoudre? Non. Je serais restée chargée du poids de mes fautes, et avec ce fardeau, toute joie, toute tranquillité, tout retour au bien même est impossible; car pour devenir meilleur il faut cesser de souffrir, il faut se sentir heureux par sa bonne conscience. — Vous voyez que votre déisme n'est bon à rien.

Voilà déjà un sermon; cela vous ennuie peut-être : mais, que voulez-vous? j'ai à cœur de vous convertir, et ce désir est bien naturel : quand on a une foi sincère et qu'on croit à une autre vie éternellement heureuse, il est bien permis d'y songer pour ceux qu'on aime et de vouloir les emmener avec soi.

10.

XX.

MADELEINE A N.

Mon ami, Henriette vient de m'apprendre que
Gustave va faire sa première communion! Je ne
vous reproche pas de ne me l'avoir pas dit,
puisque vous-même ne l'avez su qu'hier; mais
vous me permettrez bien, n'est-ce pas, de me

mêler un peu de cette affaire. Si vous voulez, Henriette me l'amènera demain. Sans me vanter, quelques instructions de moi vaudront mieux pour lui que toutes les leçons banales de la pension.

XXI.

MADELEINE A HENRIETTE.

Ma chère Henriette, je ne devrais pas t'é-
crire, car tu viendras peut-être me voir en reve-
nant de la campagne ; mais je n'y tiens pas : j'ai
besoin de m'épancher et de raconter ma joie.
Écoute donc. — Hier, jour de la première com-

munion de Gustave, mon mari m'avait dit de venir le prendre. J'ai d'abord été contrariée; car il m'attendait dans un fiacre, sous prétexte que j'arrivais bien tard. J'ai cru qu'il ne voulait pas me recevoir chez lui, et cela m'a fait du chagrin; mais il n'en était rien, comme tu vas le voir. Nous sommes arrivés au collége, où nous avons assisté à la cérémonie toujours si touchante. Le cher enfant a fait une bonne et sainte communion; je n'en doute pas. Tu juges combien j'attachais d'importance à cela, moi qui connais maintenant tout le prix de la religion.— En sortant, il faisait beau; mon mari m'a proposé de revenir à pied, et nous sommes partis, *bras dessus, bras dessous*, Gustave me donnant la main. Quel bonheur! je me sentais toute rajeunie. Le passé avait disparu, et les fatales années de ma vie n'étaient plus qu'un mauvais rêve. Enfin nous sommes arrivés chez lui, *chez lui!* et nous nous sommes mis à table tous trois, comme autrefois, le mari, la femme et l'enfant.—Ce n'est pas tout. Quand j'ai parlé timidement de m'en aller, vers deux heures, ce dont je n'avais nulle envie, il m'a retenue, et nous avons fait un bon petit dîner où il m'a donné les choses que j'aime le plus. —J'ai examiné son appartement de garçon jusque dans ses recoins. Il faut que j'en convienne avec toi, Henriette, je cherchais, sans avoir l'air d'y penser, s'il n'y aurait pas une petite place pour moi. — A côté de la chambre de la bonne, il y a une pièce obscure, mais assez grande pour y mettre un lit. Mon Dieu! que je me trouverais bien dans ce trou-là! — Enfin, pendant toute cette journée, j'ai été heureuse et rayonnante de joie. Il a dû le voir; mais il est resté froid. Cet essai de réunion, ce plaisir de se retrouver deux, ne l'a donc pas touché, lui auquel je connais un cœur si tendre et si facile à émouvoir. Apparemment il pense qu'il est encore trop tôt. C'est cela, n'est-ce pas Henriette? car je ne puis croire que je lui sois aussi indifférente qu'il y a deux ans; qu'il n'ait pas tenu compte de mes efforts pour réparer mes fautes, et qu'il n'ait pas au moins la pensée... Ah! si je savais qu'il dût rester toujours inflexible, j'irais bien loin, me jeter dans un couvent, et y finir ma vie. Mais n'ai-je pas un autre devoir? Quand il souffre de la solitude et de l'isolement, ma place n'est-elle pas auprès de lui, maintenant que je me sens digne d'être sa compagne et capable de le rendre heureux?

XXII.

MADELEINE A N...

Hélas! mon ami, que le bonheur est peu durable sur cette terre!.. Le bonheur! je me trompe; c'est là un nom que nous avons donné à nos jours les moins mauvais, à quelques instants où nous ne souffrons pas : le bonheur n'est qu'au ciel. J'étais donc heureuse, comme nous pouvons l'être, dans ce pauvre couvent, je m'étais fait aimer de toutes les bonnes sœurs, sans le vouloir, et rien qu'en suivant mon penchant naturel qui me porte à contenter les autres. Cette petite éducation que l'on m'a confiée, je la voyais réussir avec joie, et cela me relevait à mes yeux, car je me disais : Il faut que je sois réellement revenue au bien, puisque je suis capable de l'enseigner. Ma liberté de sortir, j'en usais pour aller le dimanche entendre la grand'messe et un bon sermon à Saint-Philippe du Roule; pour aller de temps en temps dire un *souvenez-vous* (c'est une charmante petite prière bien tendre) à la bonne Vierge de Notre-Dame-des-Victoires. Enfin, remarquez ceci, j'avais demandé à mon confesseur s'il n'y aurait pas quelque part un peu de bien à faire, à la portée de ma petite bourse, et il m'avait indiqué une vieille femme bien pauvre qu'il fallait secourir et prêcher en même temps, pour la disposer à la *première* communion (elle a soixante-douze ans). J'allais là, chez elle, dans un grenier de la rue de la Pépinière, deux ou trois fois par semaine, lui porter de petites provisions, et faire mon métier de convertisseuse. — Mais ne voilà-t-il pas que le monde, duquel je me croyais oubliée, s'occupe de moi, pour me faire du mal, bien entendu! — L'amie d'une des amies d'Henriette, une vieille fille qui demeure rue de la Pépinière, et qui me connaît, à ce qu'il paraît, m'a vue plusieurs fois entrer dans cette petite allée et en sortir; alors, tout naturellement, elle s'est empressée de dire à son amie, qui l'a répété à Henriette: Ah! ah! la petite madame N..., vous disiez qu'elle était au couvent : je la vois *tous les jours,* et souvent *deux fois par jour,* se glisser *furtivement* dans une mauvaise maison où il y a des officiers. Je me doutais bien, moi, que sa dévotion était une comédie.

Henriette est venue vite me redire cela. Pour toute réponse, je l'ai menée aussitôt rue de la Pépinière, n° 18, où elle a vu et causé avec ma vieille qui me baisait les mains et m'appelait *sa petite Providence.*

Me voilà justifiée aux yeux d'Henriette et aux vôtres ; j'aime à croire d'ailleurs que je n'avais pas besoin de cela : mais que sera-t-il arrivé ? C'est que madame B... aura dit cela à d'autres qui l'auront redit à d'autres ; que tout ce monde-là, qui a entendu l'accusation, n'entendra pas la défense. — Oh ! mon Dieu ! mon Dieu ! je ne connais rien de plus douloureux que cette impuissance à réparer le mal que fait la calomnie.

Jugez donc : si ces bruits étaient venus jusqu'à vous et que vous ne m'en eussiez pas parlé, je me serais aperçue d'un changement dans vos rapports avec moi et j'en aurais bien souffert ; mais comment faire cesser le mal n'en connaissant pas la cause? A ce propos, quand vous aurez quelque chose sur le cœur, dites-le-moi, je vous en prie ; soyez franc avec moi, comme je serai franche avec vous. J'ai été dissimulée. Hélas ! il le fallait bien ; c'est une des conséquences et un des tourments de la vie mauvaise : mais je ne le suis plus. Dès qu'on aime le bien et qu'on le pratique, il vous vient un autre profit : c'est d'aimer la vérité.

Toujours est-il que je ne veux plus encourir un pareil danger. Il serait trop cruel de perdre en un instant, par une médisance, le fruit de mes peines et l'espoir que j'ai de me réhabiliter auprès de vous. — Comment donc faire ? M'abstenir de toutes sorties? Hélas ! il faut bien vous le dire , cette vie sédentaire du couvent ne va ni à mon goût, ni à ma santé. Vous savez, ce vilain défaut que vous m'avez si souvent reproché, de ne pas savoir rester en place, je l'ai toujours, malheureuse que je suis ! Si donc, ne pouvant m'en corriger, je tâchais de l'employer au bien ? — Écoutez : la meilleure manière de pratiquer la religion et de plaire à Dieu, c'est de faire la charité. Or, je ne suis pas riche : je ne puis donner aux pauvres autant d'argent que je le voudrais ; mais j'ai des bras, de l'activité ; si j'employais cela à leur service...?

En vous racontant mes occupations du dehors, il y a quelque chose que je vous ai caché : pardonnez-le-moi ; c'est que j'allais passer deux heures tous les jours à l'hospice Beaujon, où je soignais des malades. Je ne voulais pas vous dire cela. Que sais-je ?... pour ne pas vous inspirer de la répugnance, du dégoût... peut-être un peu de coquetterie. C'est une puérilité, et je con-

viens que je vous faisais injure ; avec les sentiments que je vous connais, votre femme se relève et acquiert du prix à vos yeux par une bonne
action, et sa charité est une parure. — Je vous
dirai que j'ai déjà tant soit peu fait la conquête
de la supérieure des religieuses, et je compte lui
demander tout simplement une petite chambre à
l'hospice pour pouvoir y exercer, du matin au
soir, les fonctions de sœur de charité. — Cela
sera peut-être difficile , parce que je ne suis pas
religieuse ; mais je prierai, je ferai des cajole-
ries ; vous savez que je suis un peu intrigante,
quand je veux quelque chose. D'ailleurs, je ne
pense pas que la concurrence soit grande et
qu'il y ait de nombreux solliciteurs ou solli-
citeuses pour ces places-là : j'espère donc
réussir.

Sœur de charité ! mon ami, ce nom seul me
fait déjà battre le cœur. Compagne de ces anges

de la terre, de ces bonnes et saintes femmes qui soignent les pauvres, les soutiennent et les consolent dans leurs douleurs, les aident à guérir ou à mourir.

O sainte Madeleine, ma patronne, tu m'entends du haut du ciel, et tu m'approuves, n'est-ce pas? Si je n'ai pu comme toi pleurer mes fautes dans un désert, je vais du moins, dans un hospice, cette maison de Dieu, les racheter par la charité.

Mais je demande l'approbation de sainte Madeleine; c'est la vôtre, mon ami, qu'il me faut auparavant : ne me la refusez pas.

XXIII.

N.... A MADELEINE.

Comment pourrais-je, Madeleine, mettre ob-
stacle à votre pieuse résolution qui couronne si
dignement votre longue et courageuse pénitence?
Mais je me demande, ma pauvre enfant, si vous
avez bien consulté vos forces, si vous vous re-

présentez bien la vie austère et rude dans laquelle vous allez entrer. Prenez garde; il vaudrait mieux ne pas commencer cette sainte œuvre que d'y renoncer trop tôt. Songez-y donc encore; mais si vous persistez, croyez-bien que je ne puis que vous applaudir et être fier de vous.

XXIV.

MADELEINE A N...

Que votre lettre m'a fait de plaisir, mon ami !
Vous m'appelez Madeleine, — ce nom que vous
ne m'aviez pas donné depuis si longtemps. Madeleine ! — c'est un mot qui est doux à mon
oreille, presque autant que celui de pardon.

Soyez tranquille. Si j'avais pu, hier, douter de
mon courage. aujourd'hui je n'en douterais plus.
— Comment donc? Vous me dites que vous serez fier de moi.... Mais avec cela, mon ami,
vous me feriez faire, pieds nus, le pèlerinage
de la Terre-Sainte. Jugez maintenant si je pourrai supporter les rudesses de la vie d'hospice,
qui d'ailleurs doivent être adoucies par l'esprit de charité, par la pensée du bien que l'on
fait. Je sens que c'était là ma véritable vocation.
Vous rappelez-vous comme j'ai soigné ma tante
quand elle a été si gravement malade, et notre
vieille bonne, qui serait morte entre mes bras,
si je n'avais eu dans ce temps-là une peur si ridi-
cule de la mort? Que faut-il après tout pour
cela? De la patience et de la bonté, ne voilà-t-il
pas une chose bien difficile! — J'ai lu ceci quelque part : On ne sait pas toute la gloire qu'il y
a à être bon. — La gloire! je ne comprends

guère ce mot-là : mais c'est le plaisir qu'il fallait mettre. Non, on ne sait pas tout le plaisir qu'il y a à être bon. Mais, que vais-je vous dire? vous savez cela mieux que moi.

J'ai montré votre lettre à la supérieure, qui m'avait demandé votre approbation, et je ne pouvais en fournir une plus glorieuse. J'ai donc été admise à faire mon service ; mais je ne puis loger à l'hospice comme je le voulais. C'est contraire à la règle. Il est convenu avec ma bonne mère supérieure qu'elle me cherchera un petit logement le plus près possible. J'y arriverai à six heures du matin : j'y prendrai mes repas, et je rentrerai chez moi à sept heures du soir, pour faire mon petit ménage et me coucher. Voilà quelle va être ma vie. Il faut espérer qu'il n'y aura pas même de vieille fille qui puisse médire de moi.

XXV.

HENRIETTE A N....

Mon ami, Madeleine est tout à fait installée
dans ses fonctions : elle a loué deux petites
chambres dans une maison attenante au jardin
de l'hospice. Elle y est très-bien : en bon air, en
bonne vue. — Elle se plaint de ce que vous

n'êtes pas encore allé la voir, non pas chez elle,
car elle n'y veut recevoir aucun homme, pas
même vous : mais à l'hospice, dans la journée.
Jusqu'à ce qu'elle vous ait vu, elle craindra que
vous n'ayez peur des malades, et cette pensée
pourrait la décourager, car votre vue est son
plus grand soutien, sa plus chère récompense.
Allez donc la voir. Je sais bien, moi, qu'une
salle d'hospice ne vous effraie pas, et je crois
plutôt que vous ne voulez pas trop multiplier
vos visites, pour faire attendre encore quelque
temps le pardon que vous avez sur les lèvres.
Vous craignez que, ce pardon une fois accordé,
la pauvre femme ne demande trop vite une nouvelle preuve de votre bonté plus grande encore
et qui est l'objet de tous ses vœux. Vous voulez
que cette dernière épreuve ait quelque durée ;
non pour vous, peut-être, qui êtes déjà convaincu
de son retour au bien, de sa régénération, mais

pour le monde, qui croit si vite et si facile
ment au mal, si difficilement au bien. Je vous
comprends : mais croyez-moi, mon ami, ne
comprimez pas trop les élans de votre cœur.
Soyez un peu vous-même, c'est-à-dire, bon et
généreux. Je reviendrai dans peu sur ce sujet-
là ; non pas seulement parce que j'aime ma pauvre cousine, mais parce que je vous aime tous
les deux.

Allez donc au plus tôt à l'hospice, et rendez-
moi compte de votre visite. Je vous dirais bien
mes impressions ; mais j'aime mieux attendre les
vôtres.

XXVI.

N ... A HENRIETTE.

Ma chère Henriette, je suis allé hier à l'hospice ; j'avais demandé d'abord la supérieure, et
j'ai été reçu, comme à Saint-Hilaire et au Bon-
Pasteur, avec cet empressement et cet intérêt
marqué, effet inévitable des éloges que Made-

leine a faits à l'avance de son mari. —Monsieur,
m'a dit la supérieure, je vous avouerai que quand
madame N. m'a demandé positivement à faire le
service des malades dans l'hospice, j'ai hésité un
instant à l'admettre. Je la connaissais, et déjà elle
avait fait pour moi ses preuves de charité, puisque
étant au Bon-Pasteur elle venait régulièrement
passer ici deux heures de la journée ; mais il y avait
loin de cette occupation momentanée à un service continuel. Je craignais , voyant une tête
un peu exaltée, que ce beau zèle ne fût point
durable , et je lui fis toutes les observations qui
pouvaient la détourner de son projet. Je lui
montrai telle qu'elle était, la vie qu'elle voulait
embrasser, avec toutes ses peines , ses exigences,
ses dégoûts , et combien elle était difficile , surtout pour une femme du monde. —— Ma mère ,
me répondit-elle , je sais tout cela ; mais l'épreuve
est déja faite. Vous connaissez Saint-Hilaire ;

j'ai passé là cinq mois comme pénitente ; la vie
y était plus dure que ne peut l'être celle-ci, et
je n'étais pas alors, comme aujourd'hui, réconciliée avec Dieu, encouragée par mon mari...
Allez, n'ayez aucune crainte, je suis sûre de
moi. — Mais, lui dis-je, je ne sais en quelle
qualité vous recevoir ici : Vous n'êtes point religieuse et ne pouvez pas l'être. — Eh bien ! me
répondit-elle résolument : comme fille de salle. —
Fille de salle ! lui dis-je, c'est impossible ; des
femmes grossières, sans éducation ! vous ne
pouvez loger avec elles, manger avec elles...
Enfin, ajoutai-je, puisque vous le voulez absolument, je vais vous chercher un logement tout
près d'ici, et vous passerez votre journée à l'hospice. — Oh ! ma bonne mère, dit-elle, je vous
remercie bien. Je me mettrai entièrement sous
votre direction, et vous verrez comme je serai
une fille docile et obéissante. — Tout cela s'est

fait, monsieur, me dit en finissant la supérieure, et je dois dire que je ne m'en repens pas, tant cette pauvre enfant a bien tenu parole, tant elle montre de courage, de zèle et de soumission. Elle fait son métier d'infirmière en conscience : les ouvrages les plus repoussants ne la font par reculer. Enfin, croiriez-vous qu'elle a voulu, comme nous autres, apprendre à saigner les malades. Pour cela il fallait s'essayer à l'amphithéâtre, sur des cadavres ; elle a subi cette épreuve avec une fermeté incroyable.—Vous voyez, monsieur, que je n'ai que du bien à vous dire d'elle. A la vérité, nous avons quelques petites querelles ; mais c'est pour l'administration de ses revenus qu'elle m'a entièrement confiée, et parce qu'elle veut toujours donner plus qu'elle ne peut.

J'ai remercié la supérieure de la bonne et heureuse protection qu'elle voulait bien accorder à Madeleine ; et puis, sans faire demander notre infirmière, je suis allé la chercher dans la salle qu'on m'avait indiquée. En entrant, je l'ai aperçue auprès du lit d'un malade qu'elle faisait boire. Elle avait devant elle le tablier blanc avec la bavette relevée jusqu'au menton, En me voyant, elle a manqué laisser tomber sa tasse ; mais elle s'est remise, après m'avoir dit bonjour. Elle a achevé son office, puis elle m'a conduit dans une petite pièce attenant à la grande salle, où les médecins viennent écrire leurs ordonnances. C'est là aussi qu'elle prend ses repas avec la sœur surveillante. — La salle à manger n'est pas brillante, me dit-elle ; et son voisinage déplairait à beaucoup de gens ; mais moi, cela ne m'empêche pas d'y manger de bon appétit. Vous en voyez la preuve, car je ne dépéris pas.

— En effet, elle est dans un état parfait de santé.

— Mais, me dit-elle après avoir causé quelques instants, je ne veux pas vous laisser plus long-

temps dans cette atmosphère à laquelle vous
n'êtes pas habitué ; allons nous promener dans le
jardin. — En repassant dans la salle , plusieurs
malades l'ont appelée : madame Madeleine ; ma
bonne petite dame Madeleine. — Tous les malades se la disputent. Vous concevez que pour
ces pauvres femmes, sa présence seule est un
soulagement. Cette physionomie gracieuse et
riante leur fait oublier un instant leurs douleurs,
et le triste lieu où la misère les a amenées. —
Quand nous fûmes dehors, vous avez bien vu ,
me dit-elle , cette belle jeune fille qui m'a appelée près de la porte , et que j'ai embrassée, c'est
ma malade chérie. Il n'est peut-être pas bien
d'avoir des préférences au milieu de tous ces
malheureux... Mais, pauvre enfant ! elle est si
digne d'intérêt... Ses misérables parents ne viennent pas même la voir... Elle est si heureuse et
si reconnaissante des soins que je lui donne,

qu'elle m'appelle sa mère... Quel plaisir de mériter ce nom-là.....

Nous sommes allés nous asseoir sur un banc
dans le jardin, et de là elle m'a montré les fenêtres de sa chambre. — Vous voyez, me dit-elle,
comme c'est agréable. Le soir, quand il fait
beau, je me mets à ma fenêtre et je fais la conversation avec notre mère supérieure qui se promène dans le jardin.—Après cela, je range mes
affaires : j'écris un peu, puis, je fais ma prière et
je m'endors, contente de ma journée. Vous ne
comprenez guère, n'est-ce pas, que je me trouve
heureuse de cette vie innocente? C'est pourtant
vrai, et cela vous prouve bien que la foi a re-
nouvelé mon âme; qu'elle a fait de moi une
autre femme. Oui, ce changement si extraordi-
naire, c'est une grâce d'en haut, je n'en doute
pas. Aussi, vous allez peut-être me trouver bien
présomptueuse ; mais je crois vraiment que Dieu

à des desseins sur moi. — Et lesquels? lui dis-je en riant : voudrait-il par hasard faire de vous une sainte? — Eh! qui sait? me répondit-elle, sainte Madeleine, ma patronne, n'avait-elle pas commencé comme moi?... Mais, ajouta-t-elle en me regardant d'un air un peu tendre, si le paradis m'est réservé, je voudrais bien ne pas y aller toute seule, et que là du moins nous fussions réunis. Voyons, mon ami, faites ce qu'il faut pour cela. Soyez bon chrétien. Pourquoi ne l'êtes-vous pas? Est-ce par indifférence? Mais ce qu'on dit aux indifférents est pourtant bien raisonnable : étudiez au moins la question, il semble qu'elle en vaille la peine. Lisez ce qu'il faut lire. Si après cela vous n'êtes pas convaincu, vous resterez dans votre incrédulité; mais au moins vous aurez fait preuve de bon vouloir et votre conscience sera tranquille. — Mais non, je le vois bien, ce n'est pas tant l'indifférence qui

vous tient, qu'une certaine lâcheté sensuelle. Vous
avez peur de croire, parce que cela pourrait vous
gêner, vous imposer des devoirs, entraver l'exercice d'un ou de plusieurs péchés de prédilection....
je serai obligé de faire telle chose; je ne pourrai
plus faire telle autre; voilà ce que vous vous dites,
convenez-en. — Eh bien! dans ce cas, je vous
proposerais un petit arrangement, et je vous dirais : essayez toujours de la pratique religieuse ;
essayez-en, même avec cette pensée mauvaise
de rester indulgent pour vos péchés favoris, et
peut-être arrivera-t-il un jour que vous aurez
moins de plaisir à les commettre qu'à vous en
abstenir. — Voyez saint Auguestin, il n'y a rien
de si plaisant que sa prière qu'il nous rapporte
lui-même dans ses confessions : Mon Dieu! faites
que je sois chaste; mais pas encore à présent. —
Eh bien! qu'est-il arrivé? C'est qu'un temps est
venu où la chasteté ne lui coûtait plus rien, parce

qu'il trouvait tous ses délices dans l'amour de
Dieu. — Tenez, me dit-elle en tirant une petite
brochure de sa poche, voici une relation de la
conversion de M. de Ratisbonne. Lisez cela, vous
verrez comment un homme du monde, de la religion juive, s'est fait prêtre catholique, par suite
d'une apparition miraculeuse de la Vierge. — Vraiment, lui dis-je, c'était bien difficile ; que je sois
témoin d'un miracle et je croirai comme lui. —
Ah ! il vous faut un miracle, me dit-elle. Mais
n'en avez-vous pas un sous les yeux ? Ne voyez-
vous pas un miracle vivant en ma personne?
Songez à ce que j'étais et à ce que je suis maintenant. Pensez-vous que si Dieu lui-même ne
m'avait pas aidée, moi si faible et si légère,
j'aurais pu prendre le parti que j'ai pris, et y persister? Auriez-vous jamais pu croire que votre
femme, habituée au monde, au luxe, du moins à
toutes les aises de la vie, douillette, dégoûtée,

craintive, vivrait un jour dans de pauvres couvents, où bien des fois elle a souffert de la mauvaise nourriture et du froid ? qu'elle s'habituerait à servir les malades dans un hospice ; à exhorter les mourants, à ensevelir les morts ; et que dans cette vie si austère et si rude, elle se trouverait le plus souvent contente et heureuse ; plus heureuse, à coup sûr, que les femmes du monde au milieu de leurs plaisirs, et peut-être plus que vous, mon ami. Vous voyez bien que tout cela n'a pu se faire sans une grâce de Dieu. Voilà le miracle que vous demandiez.

Elle m'a fait encore d'autres sermons qu'il serait trop long de vous rapporter, mais que j'ai écoutés avec un extrême plaisir, et parmi les miracles qu'elle me propose, elle devrait compter le progrès vraiment merveilleux de son intelligence. Elle parle sur les matières religieuses avec une facilité, une abondance, une correction, qui pourraient faire envie à un bon prédicateur. Quant à son style, je vais pouvoir en juger mieux encore que par ses lettres, car elle m'a confié l'un de ses cahiers de méditations et de pensées.

XXVII.

N... A HENRIETTE.

Ma chère Henriette, je vous envoie la copie de quelques passages que j'ai extraits des écrits de Madeleine.

« C'est seulement par la prière et l'adoration que j'exerce l'humilité ; car, pour celle qui con-

siste à se détester et à se mépriser, j'avoue
qu'elle m'est plus difficile. Je m'en veux de cela;
mais je ne puis me changer. Il me semble qu'on
doit se mépriser quelquefois, mais non toujours :
car, justement, lorsqu'on s'agenouille devant
Dieu avec un cœur pur, on sent bien qu'on est
une noble créature faite à son image, et s'il vous
vient alors un peu d'orgueil, comment pourrait-il
s'en offenser !

Dans les premiers temps, je me sentais si
coupable, que je n'osais pas même prier Dieu,
mais je m'adressais à sainte Madeleine, espérant la trouver bonne et indulgente, parce que
elle aussi avait péché. Je me félicitais de l'avoir
pour patronne et je voyais dans ce hasard du
nom de baptême un bonheur et une espérance.
— Je n'avais pas la hardiesse de lui rappeler ses

fautes, mais je me disais : sans doute elle s'en souvient au milieu de sa gloire, et elle protège les pauvres femmes qui, après avoir offensé Dieu, voudraient comme elle trouver grâce devant lui.

Oui, j'ai été Madeleine par le péché ; mais, je le sens, je serai aussi Madeleine par la pénitence et par l'amour de Dieu.

—————

Supposons une chenille arrivée à l'état de chrysalide, et qui se plaigne de son sort en ces termes : Malheureuse que je suis ! j'ai passé ma vie à ramper sur la terre, à gravir péniblement le tronc des arbres pour chercher ma nourriture à travers mille obstacles et mille dangers. Aujourd'hui, me voici languissante, malade, incapable de mouvement, prête à mourir. — Si un naturaliste venait lui dire pour la consoler : Tu

te plains , et te crois bien misérable..... réjouis-
toi , au contraire , car ce que tu prends pour la
mort , c'est une vie nouvelle et plus heureuse qui
va s'ouvrir pour toi. Bientôt tu vas t'élancer
dans l'air, aussi belle que tu étais laide , aussi
légère que tu étais lourde ; pareille à l'oiseau que
tu as tant de fois envié , et plus mobile que lui,
tu pourras, portée sur tes ailes fines et diaprées,
parcourir en un instant les riches campagnes ,
où tu te nourriras du suc des fleurs..... La chenille inquiète et dolente, c'est l'homme à l'heure
de la mort. Le savant consolateur, c'est la foi,
annonçant la vérité ; cette vie heureuse et immortelle qui nous attend. »

———————

Cette vie est un lieu d'exil pour notre âme. —
Elle est du ciel, et elle y doit retourner. — Ce
mécontentement de toutes choses , ce vide que

nous trouvons partout, cette recherche du bonheur incessante et toujours trompée ; au milieu des langueurs et des ennuis qui nous accablent , ces aspirations vers un autre monde, cette espérance d'un temps meilleur..... c'est notre âme qui a le mal du pays.

———

Si nous ne devions pas revoir au ciel ceux que nous avons aimés , Dieu n'aurait pas mis cette espérance dans nos cœurs ; s'il nous a donné la douleur de les perdre, c'est qu'il nous réserve la joie de les retrouver.

———

Dans le monde, les femmes jeunes et jolies, que l'on sait être pieuses , n'en sont pas moins aimées, et elles sont plus respectées. La piété est comme un voile pour leur âme : un ornement qui l'embellit et la protège en même temps.

Une femme qui n'a pas de religion !..... mais comment pourra-t-elle remplir sa mission d'é-pouse, qui est d'adoucir, de consoler, de fortifier? ses paroles d'amour, ses tendres caresses, ne seront-elles pas impuissantes, si Dieu ne vient pas à son aide? — Et puis si elle est mère, elle ne croira donc pas à l'ange gardien qui veille sur son enfant? — S'il est malade, elle ne pourra donc prier Dieu pour qu'il sauve ses jours? — Et si elle le perd, malheureuse! elle n'aura donc pas cette consolante pensée qu'il y a un ange de plus dans les cieux?

Sans religion, si l'on ne craint pas la mort, c'est qu'on est malheureux sur cette terre, ou, si l'on est heureux, on craint de mourir. — Avec la foi seule, on peut être heureux et ne pas re-douter la mort : c'est le bien sans la peur de le perdre, et avec l'espérance d'un bien plus grand.

La mort est comme l'enfantement, une délivrance à laquelle on n'arrive que par la douleur ; lors donc que l'on souffre pour mourir, il faut, comme la femme qui va mettre un enfant au monde, trouver de la force et du courage dans l'attente d'une joie prochaine.

O religion sainte ! source de toutes consolations et de toutes espérances ! puisse ton céleste flambeau briller près de ma couche mortuaire, éclairer mes derniers regards. Puisse alors, et dans cet instant suprême, puisse mon esprit conserver toute sa puissance, pour t'offrir l'hommage de mon profond repentir, de mon amour, de ma dernière pensée. »

Vous savez, Henriette, qu'elle a toujours eu dans ses lettres un style facile et élégant; mais pouvait-on penser qu'il deviendrait si grave, et qu'elle serait capable d'écrire ces pages de philosophie chrétienne! Cette foi catholique qui élève l'âme et épure le cœur, est donc aussi une lumière pour l'esprit.

Tout en lui faisant mon compliment littéraire, je comptais la gronder de se laisser aller à des pensées funèbres comme celles qu'elle exprime dans le dernier fragment; qui dirait cela, à voir sa gaîté habituelle? mais j'imagine qu'elle aura écrit ces lignes à Saint-Hilaire, où la tristesse des lieux devait nécessairement amener la tristesse de l'âme.

XXVIII.

HENRIETTE A N....

Ne croyez pas, mon ami, que Madeleine ait eu à Saint-Hilaire seulement cette pensée de la mort qui paraît lui être familière. Hier je suis allée la voir : il était sept heures et demie du soir ; je l'ai trouvée chez elle,

occupée à copier quelque chose dans un livre;
j'ai regardé, c'étaient des instructions *pour la
bonne mort.* — Voilà, ma pauvre enfant, lui
dis-je, un sujet qui n'est guère capable de t'é-
gayer? — C'est vrai, me répondit-elle, mais
pourquoi m'égayer? la tristesse est rare chez
moi, tu le sais, mais quand elle vient, je la
laisse faire, et j'en profite pour m'appliquer à
des sujets graves. Après cela, il ne faut pas
croire qu'il soit si triste de songer à la mort.
Oui, peut-être pour ceux qui la redoutent, la
jugeant sur les apparences; non, pour ceux qui
la considèrent comme une délivrance, et un pas-
sage à une vie meilleure. Aussi, je ne voudrais
pas qu'on la représentât comme un hideux sque-
lette, et armée de sa faux; mais sous la forme
d'un ange au doux et radieux visage, tenant
dans sa main les clefs du ciel. Tu vois qu'il n'y
a pas là de quoi faire peur. L'essentiel est de

bien mourir, et pour cela il faut se préparer. —
Tu me permettras de te dire , lui dis-je, que la
chose n'est pas très-pressante, et que tu as du
temps devant toi. — Je puis le croire, répondit-
elle, puisque je suis jeune et en bonne santé…
mais qui sait? Je voudrais bien, pourtant, ne pas
mourir encore, et avant d'avoir achevé mon œuvre. Je me suis réconciliée avec Dieu et avec ma
conscience. Il faut maintenant que je prouve
bien à mon mari que je ne suis plus la femme
d'autrefois, et que je tâche de réparer, en le
rendant heureux, le mal que je lui ai fait… Mais,
peut-être, n'en aurai-je pas le temps ? Par moments, il me semble que Dieu m'appelle à lui.
— J'ai tâché de chasser ces idées noires ; mais,
vous l'entendez, mon ami, elle implore sa récompense ; elle demande si elle n'est pas arrivée à ce but si louable qu'elle poursuit depuis longtemps. Elle aspire à une réunion d'où elle

attend son bonheur et le vôtre. — Le moment n'est-il pas venu de pardonner et de lui ouvrir vos bras? — Si je croyais qu'il fallût différer encore, je ne vous en parlerais pas, car je veux votre bien à tous deux. Mais, croyez-moi, exiger d'elle une plus longue épreuve, ce serait risquer d'abuser de ses forces et de la décourager. Sa guérison est complète, vous en êtes sûr ; cela se voit dans ses actions, dans ses paroles, dans ses écrits. Elle avait promis de se faire une âme nouvelle, et elle y est parvenue. Sa foi ardente, ce flambeau qui, une fois allumé, ne s'éteint jamais, vous garantit contre tout retour au mal. On voit bien des âmes passer de l'impiété à la croyance, mais aucune retomber de la croyance dans l'impiété, tant la vérité a d'empire et de charmes, tant nous trouvons de vraie joie dans ce qui nous console, nous élève et nous porte au bien. — Et puis, elle vous aime ; non plus, sans

doute, de cet amour brûlant des premières années qui vous enivrait, mais d'une tendre amitié fondée sur l'estime et sur l'appréciation de
vos qualités, seule affection qu'on doive raison-
nablement demander au mariage, la seule qui
soit durable et féconde pour le bonheur. — Je
dirai plus; même dans ses mauvais temps, même
au milieu de ses fautes, elle vous a toujours
aimé. Les faits sont là pour le prouver.—Quand
une femme est chassée par son mari, pour des
fautes pareilles aux siennes, elle n'éprouve bientôt plus pour lui que l'indifférence et quelquefois
la haine; elle en médit tant qu'elle peut pour se
justifier, et s'il n'y a pas de reproches fondés et
sérieux à lui faire, elle ne craint pas de mentir
et d'inventer des griefs contre lui. Madeleine,
au contraire, n'a jamais cessé de vous écrire, de
chercher à vous voir, de vous demander conseil,
de s'adresser à vous comme à son ami le plus sûr.

Loin de vous accuser, elle a toujours dit du bien de vous à tout le monde, déclarant que tous les torts étaient de son côté, et que vous, vous étiez le meilleur et le plus généreux des hommes. Quand elle a brisé avec sa vie de désordre, quand la religion est venue l'éclairer sur ses égarements et lui faire horreur d'elle-même, quelle a été sa première pensée, qui ne l'a pas quittée depuis, qui lui a donné de la force pour dompter ses passions, pour supporter les privations et les rigueurs qu'elle s'était imposées? ç'a été de reconquérir votre estime et de rendre possible une réunion entre vous. — Vous voyez donc bien qu'elle vous aimait. — Maintenant quelle a achevé sa pénitence, quelle a subi toutes les épreuves, quelle a montré tous les genres de courage, elle voudrait se reposer à votre foyer. Elle vous demande l'hospitalité, après un long et rude voyage. La repousserezvous? — Si, depuis la séparation, vous aviez arrangé votre vie de manière à être heureux sans elle, l'hésitation, encore bien qu'elle fût un peu égoïste, vous serait sans doute permise; mais il n'en est rien; au contraire, vous souffrez. Vos amis ont remarqué votre tristesse, vos ennuis, votre dégoût de toutes choses; vous souffrez, parce que vous êtes un homme d'affection et que l'affection vous manque. Je vous connais: il vous faut quelqu'un à aimer et à rendre heureux. Depuis votre séparation, vous avez bien cherché cela; mais vous n'avez point trouvé. Vous n'avez pu vous faire un attachement, et savez-vous pourquoi? c'est que, même à votre insu, la pauvre Madeleine était toujours dans votre cœur, d'où elle repoussait toute autre image de femme. Oui, vous vous êtes bien dit que vous ne pouviez plus aimer une femme qui vous avait fait tant de mal; vous l'avez méprisée, vous l'avez maudite, mais vous l'aimiez; moi-même je vous ai entendu vous réjouir de votre prétendue indifférence qui vous rendait la liberté ; mais cette liberté, convenez-en, vous n'avez su qu'en faire, justement comme ces oiseaux habitués à la cage, qui, la trouvant ouverte un jour, s'échappent tout joyeux et s'en vont voleter un instant sur les toits d'alentour, mais reviennent bientôt, ennuyés et inquiets, se percher sur leur prison. —Vous avez essayé des plaisirs, et vous n'y avez rencontré qu'ennuis et dégoûts, parce que les plaisirs, bons tout au plus pour récréer l'esprit, ne sont pas un aliment du cœur, et laissent mourir de faim ceux qui ne savent vivre que par le cœur.

Allons, mon ami, réalisez, dès demain, la pensée généreuse que vous avez depuis longtemps, j'en suis sûre. Reprenez votre femme, le moment est venu. Croyez-vous que si sainte Madeleine eût eu un mari, il n'aurait pas été la chercher dans son désert? Eh bien! je ne veux pas faire tort à la grande sainte et ôter du prix à sa pénitence solitaire; elle était bonne dans son temps; mais celle-là n'est-elle pas aussi méritoire et aussi agréable à Dieu qui s'est faite au milieu des hommes, en soulageant leurs misères, en pratiquant la charité?

XXIX.

N.... A HENRIETTE

Oui, ma chère Henriette, j'ai depuis longtemps la pensée que vous me supposez; elle
m'est venue du moment où j'ai repris confiance en Madeleine, et où j'ai pu croire qu'elle
était sincèrement convertie au bien. Cette réunion, j'en conviendrai même avec vous, est

maintenant la seule espérance de ma vie, le seul remède que j'entrevoie à ce mal de l'ennui qui m'accable depuis plusieurs années ; mais, je dois vous le dire aussi, je voudrais qu'elle pût se faire sans trop de périls pour le bonheur de Madeleine et pour le mien ; et pour cela, il faudrait que le monde nous aidât un peu. Je ne parle pas du monde des salons, mais de mes parents et de mes amis. Déjà, avec quelques-uns d'entre eux, j'ai tâché de préparer la nouvelle de notre réunion, et, malheureusement, je n'ai pas trouvé en eux les encouragements et l'approbation que j'attendais. Quand je dis que ma femme a dignement réparé ses fautes ; que depuis deux ans bientôt elle mène une vie honnête et sainte ; qu'elle est en ce moment sœur de charité dans un hospice, je ne reçois pour réponse que ces froides interjections : Bah ! vraiment ! — Ah ! c'est fort méritoire... et rien autre chose. — Les hommes ne comprennent pas, voyez-vous, que l'on reprenne sa femme, lorsqu'on s'en est séparé : ceux qui sont graves, parce que cette réunion leur paraît honteuse pour le mari; ceux qui sont légers, parce qu'ils pensent qu'il est maladroit et presque niais d'aliéner de nouveau, dans cette sorte de secondes noces, la liberté du célibataire qu'une séparation vous avait rendue. — Quant aux femmes, la pauvre Madeleine n'en trouve plus aujourd'hui pour plaider sa cause. Celles qui la soutenaient et me demandaient pitié pour elle, lorsqu'elle vivait mal, l'ont abandonnée, et ne m'en parlent plus depuis qu'elle est revenue au bien. Vous entendez pourquoi ; — Une femme mariée qui a un amant est un objet de curiosité et d'intérêt pour toutes les autres. — Apparemment, celles qui sont restées dans le devoir comprennent au moins qu'on peut y manquer et elles sont bien aises de savoir ce qui arrive

en pareil cas, s'il en advient toujours autant de
mal qu'on le dit. Enfin, il y a au fond de ce
péché d'adultère ; une friandise qui les attire et
un danger qui les émeut. — A l'égard de celles
qui ont failli , c'est bien autre chose : leur faute
d'abord, se trouve atténuée à leurs propres yeux
par la faute d'une autre ; et puis, si la pécheresse
vient leur raconter ses joies, elles se félicitent de
les partager : si elle leur confie des peines, à elles
qui mènent bien leur petite barque de plaisir, les
conseils et les consolations qu'elles donnent alors,
sont un compliment qu'elles se font à elles-
mêmes sur leur adresse ou sur leur bonheur....
il y a là toutes sortes de profits.

Mais une femme qui fait pénitence de ses
fautes !... Grand Dieu ! c'est quelque chose d'ex-
centrique , de contraire à tous les usages reçus,
et en définitive de fort plat. . tout au plus, com-
prendrait-on que cette femme jouât une comédie

de réparation... ; mais une pénitence sérieuse ,
fondée sur un repentir sincère..., on ne peut pas,
on ne veut pas croire à cela ; il ne faut pas que
personne puisse croire à une pareille chose....
Voyez donc quel exemple ce serait !... Et puis ,
comment ! faire pénitence par la prière , par les
austérités , par la charité, par la charité pratique, en soignant les malades dans un hospice...! pour le coup, c'est un objet de dégoût et
d'horreur, et cette seule pensée est à faire évanouir....

Voilà , ma chère Henriette, pourquoi Madeleine n'a plus et n'aura plus d'amies. On ne lui
pardonnera jamais sa longue et courageuse pénitence ; accepter cela, ce serait convenir qu'elle
a été forte et grande , là où tant d'autres sont
faibles ; qu'elle a su noblement réparer des fautes,
lorsque tant d'autres ne savent que les commettre. Oh ! sans doute , toutes les femmes ne

lui refuseront pas leurs sympathies : il y a parmi
vous des anges de bonté et de vertu qui sauront
la comprendre et l'admirer ; mais celles-là ne
font pas l'opinion du monde et ne dictent pas
ses arrêts. — Elle ne trouvera donc partout
que la froideur et le mépris : le mépris, sur elle
pauvre femme qui ne le mérite plus ; qui maintè-
nant, dans sa vie pieuse et charitable, est en-
tourée d'amour et de respect. Combien n'aura-
t-elle pas à souffrir, de passer ainsi d'un monde
qui l'aime et lui tend les bras, à un monde qui
la repoussera, la dédaignera, et fera semblant
de ne pas croire à ses mérites pour ne pas être
obligé de lui en tenir compte.

Vous savez maintenant, chère Henriette,
pourquoi j'hésite encore dans l'intérêt de Madeleine, et comment je crains d'échanger la vie
calme et presque heureuse qu'elle s'est faite,
contre une vie soucieuse et abreuvée de dégoûts.

XXX.

HENRIETTE A N....

Mon ami, je répondrai plus tard à votre lettre;
mais il faut, pour le moment, que je vous raconte
ce qui m'est arrivé hier soir. — Je suis allée
après mon dîner voir la bonne madame de Roncal. Elle m'a dit, qu'à sa grande contrariété elle
ne pouvait profiter de ma visite, parce qu'elle

avait promis d'aller passer la soirée chez une de
ses amies; mais elle m'a proposé de m'y conduire, en me disant que je trouverais là une
bonne et aimable causerie : j'ai accepté. Comme
nous sommes arrivées de bonne heure, les par-
ties n'étaient pas commencées, et on était assis
en cercle auprès de la fenêtre, pour avoir un peu
de frais. La conversation étant tombée sur les bals
au profit des pauvres, à propos d'une fête qui se
prépare dans un jardin public, une dame de qua-
rante-cinq ans, qui ne danse plus, soutint que ces
bals étaient une chose fâcheuse et scandaleuse.
Ils absorbent en frais, disait-elle, un argent con-
sidérable qui serait bien mieux placé dans la
main des pauvres. Les femmes viennent là avec
des toilettes qui ne sont qu'une insulte à la misère, et les diamants de l'une d'elles suffiraient
a faire le bonheur de toute une famille. —
Ah! madame, dit un monsieur d'une cinquan-

taine d'années qui se trouvait là : ne dites pas de mal du luxe. Il est nécessaire dans une société comme la nôtre, puisqu'il prend l'or du riche pour le répandre en des mains laborieuses : c'est le frère de la charité.... Quant à ces bals que vous blâmez, j'en reconnais comme vous les inconvénients; mais il vaut encore mieux faire la charité comme cela que de ne pas la faire du tout. — A propos d'œuvre charitable, dit la dame, en voici une à laquelle je vous propose de contribuer; et elle tira de son sac des petits papiers. — Ce sont des billets de la loterie au profit des enfants Chinois : en Chine, on a coutume de faire tuer les enfants qui naissent infirmes ou rachitiques. Il s'agit de sauver de la mort ces pauvres petits malheureux, et certes c'est là un acte d'humanité auquel on doit être heureux de concourir. — Chacun prit un certain nombre de billets. Quand ce fut au tour du monsieur : Madame, dit-il, je suis obligé de vous refuser. Je vous en demande pardon ; mais je suis médecin dans un hospice, et je vois tous les jours de pauvres petits Français qui me semblent mériter secours avant les pauvres petits Chinois : d'ailleurs, ces loteries, c'est sans doute une bonne chose, encore une manière fort commode de faire du bien, sans déranger ses habitudes du monde et en s'amusant ; mais j'aimerais aussi voir nos dames, celles qui comme vous, madame, ont le cœur bon et l'âme bienfaisante, pratiquer la charité d'une façon plus difficile à la vérité et plus laborieuse, mais aussi plus efficace : je voudrais les voir monter dans les greniers pour s'informer des besoins du pauvre et y porter les choses les plus nécessaires à la vie ; ou bien encore parcourir les salles d'un hospice, y donner aux malades ces soins délicats et intelligents qui leur font tant de bien, et qu'ils ne

trouvent pas toujours chez les filles de salle qui
font un métier, et même chez les sœurs, qui s'en-
durcissent à force de voir souffrir. —. Dans un
hospice! dit la dame, mais y pensez-vous, monsieur? Si charitable que l'on soit, on ne peut pas
s'exposer à la contagion. — Oh! quant à cela,
madame, répondit le médecin, rassurez-vous :
la charité est invulnérable; c'est Dieu qui le
veut. — C'est égal, monsieur, permettez-moi de
vous dire qu'il n'y a pas une femme du monde
qui aurait le courage... — Pardonnez-moi, madame, il y en a; car moi qui vous parle, j'en
connais. Nous avons dans ce moment-ci à l'hospice une petite dame... — Je demandai vivement et tout bas à mon voisin: Quel est ce monsieur? — C'est, me répondit-il, le médecin en
chef de l'hospice Beaujon. — Je fis signe à madame de Roncal de ne rien dire, et j'écoutai de
toutes mes oreilles. — Nous avons à l'hospice

une petite dame, continua le médecin, qui, pour exercer la charité à son aise, s'est faite tout simplement infirmière : elle s'est logée à côté de l'hospice et passe toute la journée à soigner les malades. — Est elle jeune ? dit la maîtresse de la maison. — Fort jeune, et très-jolie, je vous assure ; si jolie et d'une figure si avenante, si gracieuse et si gaie, qu'elle soulage mes malades rien qu'en venant se mettre à côté de leur lit. Aussi, quand j'en ai une qui résiste à mes ordonnances, ou qui se désespère, je demande madame Madeleine, c'est ainsi qu'on l'appelle, et la malade est bientôt calmée. Elle les console d'une voix si tendre ; elle leur dit de si bonnes paroles de religion... — Mais, dit un peu aigrement la dame aux petits Chinois, cette dame est donc veuve ; elle n'a donc ni parents, ni amis, pour être ainsi libre de tout son temps ? — On m'a dit qu'elle était séparée d'avec son mari. —

Ah! cela s'explique, dit la dame. C'est une
expiation, une pénitence, ou tout simplement
une petite comédie jouée pour retrouver les
bonnes grâces d'un mari irrité. — Une comédie! madame, une comédie! s'écria le médecin
avec indignation. Ah! les femmes qui font les
dévotes afin de désarmer le monde ou leur
mari, le sont tout juste autant qu'il faut pour
tromper. Elles se prennent à la religion dans
ce qu'elle a de doux et de facile : elles vont
à la messe et elles communient, parce que
cela frappe les yeux ; mais elles se garde-
raient bien d'aller s'enfermer dans un hospice
pour y partager la vie des sœurs de charité.
Celles-là, comme vous dites très-bien, madame,
auraient peur de la contagion. Une comédie!
Non, non ! une expiation, c'est possible; mais
si c'en est une, elle est méritoire et glorieuse.
J'ai connu beaucoup de femmes qui avaient fait

des fautes ; mais aucune qui les ait réparées de cette façon-là.—Cette jeune femme, voyez-vous, quel qu'ait été son passé que j'ignore, est main-tenant digne d'estime et d'admiration. Certaine-ment les médecins sont de grands débauchés, les jeunes du moins (cette restriction nous fit un peu sourire), je ne le sais que trop, car mes internes font la cour aux malades qui leur plaisent, pour les retrouver après guérison, et les billets doux se mêlent aux ordonnances; eh bien ! il n'y en a pas un seul d'entre eux auquel il soit venu seulement la pensée d'adresser un mot de galanterie à cette jeune dame, toute jolie qu'elle est, tant elle nous inspire à tous de considération et de respect.

Quelques personnes s'étant fait annoncer, la conversation s'est arrêtée là. En me levant, j'ai serré la main à madame de Roncal, et nous nous sommes dit qu'il fallait vous faire connaître ce petit épisode de la soirée.

XXXI.

N.... A HENRIETTE.

Hier, ma chère Henriette, pendant que vous
écoutiez chez madame de Roncal ce panégyrique
de Madeleine que vous me rapportez et qui m'a
fait tant de plaisir, j'étais pris à une petite em-
bûche qu'elle m'a dressée dans l'intérêt de mon

salut. — Elle m'avait dit de venir la voir le soir
à sept heures. En arrivant, je l'ai trouvée toute
prête à sortir, et tenant, ainsi que la supérieure;
un livre de messe à la main. Ah! mon ami, me
dit-elle en riant, cette fois-ci je vous tiens :
ma mère me donne congé ce soir et veut bien
m'emmener avec elle entendre aux Petits-Pères
un sermon de M. D. J'espère que vous serez
assez aimable pour nous donner le bras. —
Comme vous le pensez bien, j'ai pris mon parti de
bonne grâce, et j'ai répondu que je me trouvais
trop heureux d'écouter en si sainte compagnie
la parole de Dieu. — Nous nous sommes donc
acheminés vers l'église, où j'ai subi un sermon
assez médiocre, à ce qu'il m'a paru ; mais au
moins fort sage, car il traitait un point de morale,
matière beaucoup moins périlleuse que celle du
dogme. De nos jours les ecclésiastiques un peu
habiles comprennent très-bien qu'il faut d'abord

nous faire aimer la religion par les douces paroles de l'Évangile ; certains que lorsque nous l'aimerons , nous croirons volontiers tout ce qu'elle nous dit.

Après le sermon , il y avait un office. — Madeleine a tiré de sa poche un petit livre de messe qu'elle m'a donné, en me montrant les passages qu'il fallait lire. Je me suis laissé faire, et j'ai été docile comme un enfant auquel on apprend son catéchisme. Au moment de la bénédiction , elle et la supérieure se sont mises à genoux *par terre*. J'ai cru devoir les imiter, sachant combien Madeleine serait sensible à cela. En effet, la pauvre enfant était ravie et toute troublée de plaisir; car, au lieu de rester inclinée devant l'autel, elle n'a pu s'empêcher de tourner la tête de mon côté , tant elle était heureuse de me voir dans cette attitude recueillie. Dès que nous fûmes sortis de l'église : Ma mère , dit-elle à la supé-

rieure, vous avez vu comme il s'est mis à genoux…
Oh ! j'en ferai un bon chrétien… Mais ce sermon ne valait rien pour vous, me dit-elle. De la
morale ! vous n'avez guère besoin d'apprendre à
être bon… j'aurais voulu, dit-elle en riant, un
gros sermon sur l'Enfer. — Puis, s'adressant à la
religieuse : Ma mère, dites-lui donc, je vous en
prie, qu'il faut croire à l'Enfer ; je ne puis pas
obtenir cela de lui. — Je crois au Paradis, lui
dis-je, est-ce que cela ne suffit pas ? — Mais non,
mon ami, puisque la croyance à l'Enfer est de
foi. — Alors la supérieure a cherché à me prouver, le plus doucement du monde, qu'on pouvait
être grillé éternellement et qu'il fallait au moins
y prendre garde. — Que voulez-vous ? lui ai-je
dit ; c'est justement parce que je crois à la bonté
de Dieu que je ne puis croire à sa colère. —
Monsieur, il ne faut pas dire sa colère, mais sa
justice. — Eh bien ! sa justice… mais la nôtre

même est souvent miséricordieuse, comment la sienne ne le serait-elle pas ? Il punira, non de peines corporelles, car il n'a ni tourmenteurs ni bourreaux, mais par la privation d'amour, et, après un temps d'expiation, il pardonnera à tous les hommes, et leur donnera cet éternel amour pour lequel il nous a créés...

Taisez-vous, me dit Madeleine, vous me désolez ; ne voyez-vous pas ce qu'il peut arriver avec votre damnable hérésie ? c'est que moi, pauvre pécheresse, j'aille dans le Paradis, et que vous, qui n'avez jamais fait le mal, vous alliez dans l'Enfer précisément pour n'y avoir pas cru.

Il est convenu que je lirai là-dessus un chapitre de saint Augustin... Vous voyez que mon éducation est en bon train...

XXXII.

MADELEINE A N...

Mon ami, allez donc, je vous prie, demain dimanche, jour de l'Assomption, entendre le salut à la Madeleine. Il y a là, dit-on, un enfant qui a une voix céleste. *Vous qui aimez la musique*, cela ne peut manquer de vous faire plaisir.

Il chantera l'*Adoremus*. Si vous pouviez, tout en écoutant la musique, vous mettre à genoux, comme l'autre soir... Mais non, c'est trop exiger ; dans une grande église, et en plein jour, le respect humain vous tiendra. Au moins, soyez attentif, et élevez bien votre cœur à Dieu, car le salut est un office d'adoration. Aussi je ne manque jamais d'y assister. Je ne puis vous dire tout le bonheur que je trouve dans l'adoration : c'est pour moi une chose encore plus douce que la prière. La prière est une demande, et elle nous rappelle que nous sommes de pauvres humains qui avons besoin de secours. Mais j'aime à être prosternée devant Dieu, sans lui rien demander ; n'est-ce pas ainsi que nous serons dans le ciel ? Lorsque commence le chant délicieux que vous entendrez, je me mets à genoux par terre, la tête appuyée sur mes mains jointes. Là, je me laisse pénétrer par cette suave mé-

lodie ; et, toute absorbée dans les pensées d'a-
mour divin qu'elle m'inspire, j'oublie ce monde
et je me crois au ciel, avec les anges et les ar-
changes, les saints et les élus, au pied du trône
de Dieu.

Peut-être aurez-vous aussi ce beau rêve? Allez
donc faire la petite dévotion que je vous propose, et rendez-moi compte de vos impressions.

XXXIII.

N.... A MADELEINE.

J'ai à vous remercier, Madeleine, car vous
m'avez procuré un grand plaisir en m'envoyant
au salut. J'aime la musique, comme vous dites
bien, mais j'aime particulièrement la musique
dans une église. C'est, selon moi, sa vraie place.

17

Là, comme au théâtre, elle est en action; mais combien a-t-elle plus d'effet et de puissance? elle éveille, elle nourrit, elle exalte le sentiment religieux. Elle traduit la prière en une hymne harmonieuse, et ainsi la rend plus facile aux hommes et peut-être plus agréable à Dieu. En outre, elle est pour moi une sorte de révélation d'un monde inconnu que sans elle mon esprit ne pourrait comprendre. C'est ainsi qu'un jour à Saint-Pierre de Rome, en entendant le *Miserere* d'Allegri, j'ai trouvé, dans une certaine combinaison de notes musicales, une harmonie profondément lugubre qui semble exprimer un chœur de désolation, et qui m'a donné l'idée de ce que pourrait être, au dernier jour de l'univers, au milieu du choc des éléments et de la dissolution de toutes choses, la confusion lamentable des voix humaines implorant la miséricorde de Dieu. Ce jour-là j'ai cru au jugement dernier. Jamais le théâtre

ne m'aurait donné une impression si grande :
avec la musique il fallait le temple, et sa demi-
obscurité, le recueillement des fidèles, la célé-
bration des mystères et les tristesses chrétiennes
du Vendredi-Saint. — Hier, tout au contraire,
j'ai écouté avec ravissement, et j'ai bien compris
vos extases, car mon âme comme la vôtre, sous
le charme dont elle était pénétrée, a pris un instant son vol vers les cieux. — Mais pourquoi
faut-il, hélas ! que ce ne soit là qu'une religion
de poëte, et que la piété en moi, c'est-à-dire le
sentiment religieux appliqué, soit encore si faible
et si fragile ? — Vous allez en juger. — Je cherchais à m'envelopper dans mes impressions et à
les défendre de mon mieux contre les distractions
e.térieures : mais j'ai voulu voir ce merveilleux
enfant, et voilà que j'ai trouvé une figure par
trop humaine, là où je rêvais les traits d'un
ange. — Au morceau de musique a succédé le

plain-chant, qui me semble toujours barbare, et
une voix d'enfant de chœur qui n'était pas même
juste. — Et puis le suisse est venu demander
pour les besoins de l'église dans un français à
moitié allemand. Je n'ai pu me défendre d'un
sourire. — J'ai regardé autour de moi; je n'ai
vu presque que des femmes : et le peu d'hommes
qui se trouvaient là, faut-il vous le dire? m'ont
paru avoir un visage tout particulier, sans élé-
vation, inintelligent. — De plus, pour m'achever,
j'ai aperçu parmi ces dévots un ancien faiseur
d'affaires que je sais très-bien avoir été un
homme d'une probité douteuse, et un mauvais
père de famille. — Alors, alors, tout mon ciel
s'est évanoui. — Comment me résigner à partager la croyance de ces gens auxquels je ne
voudrais pas ressembler, et à les imiter dans des
pratiques qui manquent si souvent de dignité,
de grandeur?

Plaignez-moi, car, vous le voyez, je suis loin
d'être arrivé à ce bonheur de croire que je vous
envie. Ma foi passagère et intermittente n'est
qu'un pauvre château de cartes que le moindre
souffle fait tomber.

XXXIV.

MADELEINE A N....

Vous ne savez pas, mon ami, je voudrais être aujourd'hui un grand théologien, car je ne manquerais pas de trouver de bonnes et solides réponses à votre lettre : mais, hélas ! la science me manque. Il faut donc que je tâche d'y suppléer par mon pauvre petit bon sens.

Oui, vraiment, vous n'avez encore qu'une religion de poëte, c'est-à-dire une religion qui ne sert pas à grand' chose et ne peut rien pour le bonheur : mais enfin, comme vous aimez le bien et le pratiquez , vous croyez à celui qui est l'auteur de tout bien ; vous croyez aussi à une autre vie qui est une conséquence nécessaire de l'existence de Dieu , et sans laquelle la vie présente ne serait qu'un jeu du hasard et une énigme sans mot.

Voilà pourtant deux idées bien grandes et bien fécondes. Mais voyez maintenant quelles petites choses vous empêchent d'en recueillir les fruits , et vous détournent de la foi à laquelle vous aspirez.

Les formes du culte vous déplaisent. Savez-vous pourquoi? c'est que vous les mesurez aux sublimes hauteurs de la religion , et vous les trouvez alors mesquines et choquantes.—Mais veuillez donc aussi, mon ami, mesurer la distance qui

nous sépare de Dieu. Songez quelle est sa nature
et quelle est la nôtre; combien il est grand;
combien nous sommes petits : qu'il habite, lui,
les espaces sans bornes et l'immensité des cieux,
et que nous, pauvres vermisseaux, nous nous
traînons péniblement sur un grain de sable, et
vous reconnaîtrez alors que nous adorons Dieu...
sans doute, d'une manière indigne de lui, mais
comme nous pouvons, selon les forces de notre
nature infime, avec nos chétifs moyens, et nos
pompes vaines. Ne voyez-vous pas que nos
temples ne sont guère plus beaux que nos pa-
lais? ainsi ce que nous faisons pour les rois, qui
sont des hommes comme nous, nous le faisons
pour Dieu, qui est le roi des rois, le souverain
maître de la terre et du ciel : c'est donc trop peu
assurément, mais c'est tout ce que nous pouvons.
Voyez encore : Les cérémonies de nos églises ne
sont ni plus riches ni plus splendides que les re-

présentations de nos grands théâtres. Quelle déplorable insuffisance, et quel scandale ! mais, encore une fois, notre impuissance nous condamne à cela. — Nos pratiques ne sont pas sans dignité, comme vous le dites à tort ; mais elles manquent de grandeur, par la raison toute simple que nous sommes petits. — Vous auriez dû faire ces réflexions comme moi. Et cependant, qu'arrivera-t-il ? parce qu'un enfant, dont la voix semble appartenir à un cantique céleste, aura par malheur une figure *humaine*, parce qu'on *chantera faux* les louanges du Seigneur, parce qu'un suisse aura estropié le français, parce qu'enfin vous reconnaîtrez les hommes avec leurs misères dans le culte de Dieu, vous cesserez pour cela de le prier, et le ciel que vous aviez entrevu se fermera pour vous !... Prenez garde, mon ami, vous céderiez dans ce cas-là à une pensée plus étroite et plus mesquine que les choses mêmes dont vous vous offusquez, et vous seriez tout le premier un exemple de ces pauvretés de notre nature que je viens de vous rappeler.

Quant à ces hommes au visage peu intelligent, qui vous ont fait peur, mais auxquels vous ne ressemblerez jamais... oui, sans doute, j'en conviendrai avec vous, il peut y avoir parmi les dévots des esprits bornés qui croient sans réflexion et par habitude d'enfance ; mais à côté d'eux, et c'est là qu'est votre place, se trouvent quelques hommes d'élite qui ont été amenés à la religion par une âme élevée, un cœur tendre, un esprit assez supérieur pour se mettre au-dessus de ce petit orgueil qui fait tous les incrédules et se traduit ainsi en présence des mystères de la religion : allons donc ! ce n'est pas à moi qu'on fera croire de pareilles choses. — Si vous aviez un peu cherché, vous auriez aperçu quelques-uns de ces hommes-là, et leur exemple vous aurait encouragé.

Mais, au nombre des fidèles, vous avez vu une personne que vous méprisez. — Vous ne savez pas, d'abord, si cette personne n'est pas revenue au bien : la charité veut qu'on le suppose ; et puis, que voulez-vous ? si c'est un mauvais dévot : il y en a. C'est peut-être un hypocrite, ou au moins un de ces êtres secs et égoïstes pour lesquels la prière n'est qu'une formalité, la pratique une précaution prise dans leur intérêt, au cas où la religion serait vraie, car ils en doutent fort ; ne pouvant aimer, ils ne peuvent avoir une foi véritable ; il n'y a en eux qu'une certaine crainte de l'Enfer, et d'un autre côté, l'espérance de continuer, dans l'autre monde, l'amour exclusif qu'ils avaient pour eux-mêmes dans celui-ci, c'est-à-dire, de l'égoïsme, toujours. — Vous conviendrez qu'il n'y a guère à s'embarrasser de ces gens-là, et que vous ne devez pas craindre, comme vous le dites, de partager leur croyance, car leur croyance, s'ils en ont une, repose sur la peur et l'amour de soi. Le fonds de la vôtre serait l'amour de Dieu et la confiance en sa bonté. Aussi ils sont toujours inquiets et misérables; vous, vous seriez tranquille et heureux dans la piété.

Livrez-vous donc, mon ami, à vos bonnes dispositions et aux tendances religieuses de votre âme, et ne vous laissez pas arrêter, permettez-moi de le dire, par des puérilités qui ne sont pas dignes de vous.

XXXV.

MADELEINE A N....

Mon ami , vous allez être un peu étonné , mais non pas fâché contre moi, je l'espère. Depuis quelques jours j'étais retenue chez moi par une indisposition légère , mais qui exige le repos et le lit. Je m'ennuyais tellement d'être seule , ha-

bituée que je suis au mouvement de l'hospice et
à la société des bonnes sœurs, que j'ai pris le
parti de venir m'aliter à l'hospice même. Je
connaissais une grande salle bien éclairée, bien
aérée, où l'on ne met que de jeunes femmes malades d'ophthalmie. Je m'y suis établie sans répugnance aucune, et je m'y trouve très-bien. Ma
mère supérieure vient souvent causer avec moi
auprès de mon lit, et vous me feriez grand plaisir
en faisant comme elle. Ces mots : ma femme est
malade à l'hospice, n'ont pas de quoi vous ef-
frayer, quand vous savez qu'elle y est volontai-
rement, et *pour son plaisir*. Venez donc me voir.
Mes camarades de salle ont certainement pour moi
les égards et le respect *dus à mon rang ;* mais
de plus, je ne suis pas fâchée de leur faire voir
que mon mari est un homme *bien mis* et *bien
élevé.* Que dites-vous de ce petit mouvement
d'amour-propre? Il est au moins assez original

et ne ressemble guère à mes amours-propres...
d'autrefois. Qui croirait que l'on peut commettre
le péché d'orgueil... dans un hospice? Eh ! eh ! ce
démon-là se fourre partout.

XXXVI.

N.... A HENRIETTE.

Ma chère Henriette, vous saurez que Madeleine, étant obligée de garder le lit pendant une quinzaine de jours, a mieux aimé les passer dans une des salles de l'hospice que chez elle. Quoiqu'elle m'ait annoncé cela fort gaiement et comme la chose du monde la plus simple, j'avais d'abord été contrarié, je l'avoue; mais je me

suis remis en entendant la supérieure qui m'a
donné de bonnes raisons : Laissez-la faire, m'a-
t-elle dit, c'est encore une pensée toute chrétienne, dont Dieu lui tiendra compte, et c'est
pour vous une nouvelle preuve qu'elle a entièrement changé, et s'est refait une autre âme. —
Enfin, je dois dire qu'après avoir vu Madeleine,
toutes mes répugnances avaient disparu : loin
de me sentir humilié qu'elle fût à cette place,
j'en étais fier, et je ne pouvais plus la gronder, car je l'admirais. — Dans ce pauvre lit
d'hospice, elle est gaie comme à son ordinaire.
Elle emploie son temps à faire du bien : elle
taille du linge pour les blessés ; elle donne des
leçons d'écriture aux filles de salle ; elle rend
autant de services qu'elle peut à ses voisines
malades : bonne et familière avec elles, sans
rien perdre de sa dignité ; et ne croyez pas
qu'elle ait demandé à être, en quoi que ce soit,

distinguée des autres ; elle n'a pas voulu que l'on fît venir son lit : sa nourriture est la même que celle des convalescents. Enfin elle s'est faite malade aussi franchement qu'elle s'était faite infirmière. — Certes, elle parle à merveille des avantages et des bienfaits de la religion, et ses discours ont sur moi peut-être beaucoup plus d'influence qu'elle ne croit ; mais de pareils faits en ont encore davantage. Jugez donc ! quelle puissance d'amélioration morale dans cette foi chrétienne ! Quelle source de bons sentiments, de courage pour la pratique des vertus les plus difficiles !... Cette pauvre femme, souvenez-vous d'où elle est partie et où la religion l'a prise. Combien de défauts n'a-t-elle pas eu à réformer ; combien de qualités n'a-t-elle pas dû acquérir avant d'arriver à ce point? Et ne trouvez-vous pas qu'un tel acte d'humilité, purement volontaire, accompli avec tant de simplicité, pour

ainsi dire de si bon cœur, couronne dignement
ce petit poëme de pénitence ignoré, dédaigné
du monde , mais pour nous si curieux et si touchant? — Je ne sais si c'est l'effet de ma visite ,
à laquelle peut-être elle ne s'attendait pas, et de
l'approbation qu'elle a pu lire dans mes yeux ,
mais sa parole était encore plus vive et plus animée que de coutume. Quand je la trouve ainsi
en verve d'éloquence chrétienne, je m'amuse à
faire de l'incrédulité tout exprès pour exciter sa
faconde et obtenir un beau sermon... — Nous
étions d'abord entrés en matière par un petit inci-
dent assez étrange que je veux vous raconter:
étant assis auprès de son lit, j'avais aperçu sous
sa camisole un bout de ficelle fine et serrée avec
des nœuds. Je m'approchai en fixant l'objet et
avançant la main. . Quoi donc? me dit - elle
vivement et toute effarée?... Une araignée?...
(vous savez qu'elle en a grand' peur). — Non ,

lui dis-je, c'est une petite ficelle... elle baissa rapidement la tête et devint rouge comme une cerise. — Qu'est-ce que cela? lui dis-je. — Oh ! ce n'est rien, dit-elle en fermant sa camisole. — Ce n'est rien, c'est une ficelle... est-ce avec cela que vous attachez vos médailles?... — Oui, oui, ce sont mes médailles. — Comme son embarras piquait ma curiosité, je jetai vivement la main, et en tirant la ficelle, malgré sa résistance, je déployai... une discipline, terminée par un martinet armé de petites pointes en fer...—Oh ! lui dis-je, voilà une singulière découverte... cela m'explique de légères piqûres que j'ai aperçues sur vos bras... mais, dites-moi donc, comment vous, que je croyais une dévote raisonnable, vous pouvez vous servir de pareilles choses?— Curieux que vous êtes, allez! voulez-vous que je me justifie?... lisez cela. — Elle me présenta l'espèce de tampon placé à la partie supérieure,

et je lus ces mots écrits de sa main : Discipline
qui m'a été donnée par ma mère Sainte-Marie
de Jésus. — Vous avez confiance en cette bonne
sœur, n'est-ce pas?... Eh bien! — Eh bien!
c'est égal, je me demande encore comment elle
et vous... — Vous vous demandez... eh! mon
mon ami, c'est que vous ne savez pas que dans
la vie de... privation et de combat, il y a des
moments difficiles où tous les moyens sont bons.
— Pauvre femme! j'ai compris. — Mais ne parlons plus de moi... et cette âme, dit-elle en me
touchant le front, qui est si bien faite pour devenir chrétienne, y arrive-t-elle à la fin?—Hélas!
lui dis-je, je n'avance pas, malgré tous mes efforts : Dieu a bien promis la paix aux hommes
de bonne volonté; quant à la foi, c'est autre
chose... nous n'avons pas, comme les femmes,
le privilége de ne pas raisonner..... — Ah!
quant à cela, répondit-elle, tant mieux pour

nous si nous ne raisonnons point là où il ne faut
pas raisonner; mais est-ce bien pour cela que
la foi chrétienne nous vient plus facilement qu'à
vous? Non vraiment : c'est qu'elle parle à nos
cœurs, à nos instincts, peut-être même à nos fai-
blesses…Voyez donc ce qu'on nous dit d'adorer :
le fils de Dieu qui s'est fait homme ; le modèle
de la bonté, de la charité, de l'indulgence pour
nous, celui qui dit un jour : *laissez venir à moi
les petits enfants ;* un autre jour, en abritant sous
sa main la pauvre femme qui a failli : *que celui
d'entre vous qui est sans péché lui jette la première pierre…* A côté de lui, la Vierge, c'est-
à-dire la beauté, la pureté, la maternité, toute
notre gloire à nous. La beauté, ce don du ciel
qui nous fait tant envie ; la pureté qui pare et
ennoblit la femme belle ; — enfin, la maternité, le plus doux et le plus cher de tous nos
sentiments… La Vierge, voyez-vous, avec son

petit enfant Jésus dans les bras, c'est nous-
mêmes que nous adorons, non telles que nous
sommes, mais telles que nous voudrions être...
Oui, cette religion semble si bien faite pour nous,
que nous seules, si elle n'était pas vraie, aurions
pu l'inventer; mais la faiblesse de notre esprit
ne permet pas de le supposer : des femmes imaginer et édifier une aussi grande chose qu'une
religion, c'est impossible..... — D'un autre
côté, songez donc... En Orient, où les hommes sont jaloux, les femmes abaissées, esclaves,
quel homme aurait montré le fils de Dieu pardon-
nant à la femme adultère ; quel aurait eu l'idée de
glorifier la femme dans la personne de la Vierge?..
non, ce ne ne peut être là une invention humaine ; c'est donc alors une divine vérité...N'est-
ce pas là ce que vous appelez un raisonnement?
Mais, d'ailleurs, qu'y a-t-il besoin de raison-
nements? Pourquoi ne pas accepter, même sans

examen, une croyance qui soulage, qui console,
qui aide à bien vivre et à bien mourir ; encore
une fois, regardez-moi donc : ma vie de ces dernières années ne doit-elle pas vous toucher plus
que toutes mes paroles ?..... Il vous reste maintenant à me voir mourir. — Que dites-vous là ?
m'écriai-je ; vous oubliez que j'ai dix ans de plus
que vous, et que, selon l'ordre de la nature, je
dois quitter la vie avant vous. — Non, me répondit-elle, c'est moi qui mourrai la première ;
je le sens : Dieu me le dit... et vous verrez que
je mourrai bien... Je compte même là-dessus,
ajouta-t-elle en souriant, pour votre conversion,
si je ne puis l'obtenir plus tôt...

Je ne sais pourquoi, Henriette, cette prédic-
tion sinistre, faite avec tant d'assurance et en
même temps avec gaieté, m'a causé une émotion profonde et une sorte de terreur. J'ai senti
mon sang se glacer. — Taisez-vous, lui dis-je,

ne dites pas de ces tristes choses... — Elle
s'aperçut de mon trouble. — Vous êtes pâle,
me dit-elle vivement ; en me prenant la main...
Comment ! je vous ai fait mal en vous parlant
de.... Oh ! mon Dieu ! est-ce que..., et ses yeux
prirent une expression de bonheur..... est-ce
que vous m'aimeriez encore un peu? — Je n'ai
répondu que par un regard ; mais je crois qu'elle
m'a compris, et je l'ai laissée avec une douce
espérance... qui ne sera pas trompée...

Oui, Henriette, je suis vaincu ; les délais que
je voulais encore m'imposer pour le monde, il
n'y faut plus songer. Je ne différerai pas plus
longtemps une réunion qui doit la rendre si heureuse... Ces pensées de mort que nous retrou-
vons partout et qui commencent à m'inquiéter,
un mot suffira pour les faire évanouir, et je le
dirai dès demain.

XXXVII.

N... A HENRIETTE.

La journée d'hier, chère Henriette, a été toute
de bonheur pour Madeleine , et , pourquoi n'en
conviendrais-je pas? pour moi aussi. Oui ! j'ai
maintenant le secret de ces ennuis et de cette
tristesse profonde , que mes amis m'ont si sou-

vent reprochés. La solitude , l'indifférence et le
vide du cœur : c'est là qu'était le mal. Je l'avais
soupçonné depuis longtemps , car, après chaque
visite faite à la pauvre Madeleine, je me sentais
ranimé. J'emportais toujours de l'hospice, triste
lieu pourtant, le contentement et la gaieté ; sans
doute parce que j'avais trouvé là le bien suprême qui me manquait ailleurs, l'affection. Aujourd'hui , en déposant cette apparence de froideur que je me donnais, en exprimant cette pensée que je cachais depuis si longtemps , j'ai
éprouvé un soulagement subit, un délicieux bien-
être ; la douce joie du malade , quand après un
long évanouissement la vie lui revient.

En arrivant auprès de Madeleine , je lui ai
annoncé que j'allais faire un voyage. Son visage
s'est subitement attristé. — Un voyage! me dit-
elle, et où cela?—Dans le midi de la France. —
Que vous êtes heureux d'aller dans le Midi! vous

y trouverez le soleil qui nous manque déjà, et les hirondelles qui nous ont quittés. Je n'ai jamais pu voir venir l'hiver sans songer à le fuir, sans regarder d'un œil d'envie les beaux pays de France où le ciel est toujours bleu..... Allez-vous là pour vos affaires, ou pour votre plaisir? — Pour une affaire. — Et serez-vous longtemps absent? — Un mois, je pense. — Allons, dit-elle en soupirant, puisqu'il le faut... Vous comprenez que cela m'afflige un peu, n'est-ce pas?... Vos visites me font tant de bien, et hier... j'avais été si heureuse... — Je gardai un instant le silence, puis je lui dis : — Êtes-vous encore pour longtemps ici? — J'espère, dans une une huitaine de jours, être sur pied et recommencer mon service. J'en étais toute joyeuse, mais ce voyage..... — Eh bien, lui dis-je, il y aurait peut-être un moyen de ne pas tant vous affliger... Sans doute, ce voyage est nécessaire, mais...

je fixai mes yeux un peu tendrement sur les
siens... si vous veniez avec moi ! — A ces mots,
elle fit un bond et elle allait se jeter à mon col,
mais elle réfléchit que nous étions entourés ; elle
me prit la main en la serrant de toutes ses forces ;
son émotion était telle qu'elle fut sur le point de
se trouver mal : heureusement des larmes de joie
vinrent la soulager... — Quel bonheur, me dit-
elle, mon ami !... cela me rend presque folle... je
ne puis tenir dans mon lit, et si je m'en croyais,
je me lèverais tout de suite, et je m'en irais avec
vous... — Oh ! lui dis-je, cela ne se peut pas ; et
même, il faut tout vous dire, chère enfant... —
Quoi donc ? quoi donc ? me dit-elle avec effroi,
me suis-je trompée ? ai-je mal entendu ?... oh ! ne
m'ôtez pas cette joie, vous me tueriez sur le coup.
— Rassurez-vous, lui dis-je ; ce que j'ai à vous
dire seulement, c'est que ce voyage pourrait bien
être un peu long... il vaut mieux passer loin de

Paris les premiers temps de notre réunion, et faire un séjour en province... d'une année peut-être. Ne vous y ennuierez-vous pas? — M'ennuyer! y pensez-vous, mon ami? mais je vous suivrais au bout du monde..... m'ennuyer! Quand je serai redevenue votre femme, la digne mère de notre enfant, est-ce que je saurai seulement où nous serons? je serai avec vous, dans notre maison; voilà tout : que m'importe le pays? D'ailleurs, n'y a-t-il pas dans toutes les provinces une église, de bonnes religieuses, des malheureux? eh bien! c'est tout ce qu'il me faut si vous voulez absolument songer à mes plaisirs du dehors... Allez, je suis bien facile à rendre heureuse... et, croyez-moi, vous serez heureux aussi... D'abord, vous faites là une action bonne et charitable. Dieu m'inspirera tout ce qu'il faut faire pour que vous en soyez récompensé; enfin, cette foi chrétienne que vous m'avez si souvent enviée, elle vous viendra quand je vivrai avec vous. Nous prierons Dieu ensemble et nous lui dirons : Seigneur, nous nous aimons, et nous vous aimons... qu'aura-t-il à nous refuser ?

Je crois qu'elle dit vrai, chère Henriette : elle m'a ramené l'espérance, la foi en l'avenir, le goût à la vie. Je me sens dans le cœur une joie que je n'avais pas ressentie depuis bien longtemps. Avec cela, que m'importe le monde ? S'il la repousse, je la serrerai davantage contre moi ; je vivrai uniquement pour elle. Si la raillerie ou la médisance osaient l'attaquer, je la défendrais au prix de mon sang. Le dévouement, pour moi, vous le savez, c'est la vie, c'est le bonheur.

Ma visite a duré quatre heures, Je ne pouvais me lasser de voir rayonner sur son visage la joie qui lui va si bien ; je ne saurais vous rapporter toutes nos paroles ; mais imaginez tout ce que peuvent se dire un mari et une femme dans leur douce intimité. A la fin nous avons parlé ménage ; il est convenu que le jour du départ elle fera porter son mobilier chez moi, après avoir gardé seulement ses paquets de voyage, et je viens avec Gustave l'enlever en chaise de poste.

Vous enragez, j'en suis sûr, de ne pas voir tout cela, obstinée campagnarde que vous êtes. Eh bien ! calmez-vous : nous irons à Marseille par la Touraine, bien que ce soit un tant soit peu le plus long ; attendez-vous donc à nous embrasser tous trois au plus tard dans une quinzaine de jours.

Ah ! encore un mot. — Au moment où j'allais m'en aller elle me dit, très-bas : Vous ne savez pas, j'ai une envie terrible de vous embrasser... On nous regarde : comment donc faire ? Écoutez, vous allez faire semblant d'arranger mon

oreiller, et quand votre tête passera..... — Je fis
ce qu'elle disait, et elle me donna un baiser en
faisant le moins de bruit possible.

A bientôt !

XXXVIII.

MADELEINE A HENRIETTE.

Ma chère Henriette, tu as été pour moi une
bonne et tendre amie; tu m'as tendu la main
quand tout le monde m'abandonnait; tu m'as
vue bien malheureuse et tu as souffert de mes
chagrins; sois donc aujourd'hui de moitié dans

ma joie. Mon mari m'a ouvert ses bras ; nous sommes réunis pour toujours.... Je vais donc partager sa vie, et ses plaisirs et ses peines.... mais des peines, il n'en aura plus. Son cœur, ce bon et noble cœur que j'ai blessé, je vais le guérir. C'est pour lui maintenant que je serai sœur de charité : à lui tous mes soins, toute ma science de soulager, de consoler... Ne crains pas que le souvenir du passé vienne troubler notre bonheur ; je serai si attentive et si ingénieuse à le faire oublier, et lui, il est si généreux! Je le connais bien à présent : le malheur m'a appris toute sa bonté. Dès qu'il a eu pitié de sa pauvre Madeleine, dès qu'il me rend son affection, c'est pour me rendre aussi mon bonheur d'autrefois. — Ah! Henriette, ma vie d'intérieur avec mon mari et mon enfant ; mon petit ménage, si tu savais comme je l'ai pleuré... et voilà que je retrouve ce bien suprême que je croyais perdu ;

ces joies pures et saintes que je comprends si bien aujourd'hui... sois tranquille, elles ne m'échapperont plus.

Tu sais que nous partons dans douze jours. Me vois-tu dans une chaise de poste, à côté de lui : Gustave auprès de nous?.. Apprête-toi à embrasser des heureux....

XXXIX.

MADELEINE A N....

Mon ami, c'est demain dimanche. Je vous en
supplie, amenez-moi Gustave, ou envoyez-le-
moi... Maintenant qu'il m'est rendu, que je suis
bien redevenue sa mère, il faut que je l'embrasse,
ce cher enfant, que je le presse sur mon cœur...
Il m'est impossible d'attendre huit jours....

20.

XL.

N.... A HENRIETTE.

Ma chère Henriette, Madeleine m'ayant écrit hier soir pour me dire qu'elle était souffrante et qu'elle me priait de venir la voir, j'y ai couru aussitôt. — Je lui ai trouvé un peu de fièvre, le visage très-rouge et la tête brûlante. Comme elle

paraissait abattue, je me suis assis près de son
lit en lui recommandant le silence, mais elle ne
m'obéissait pas ; alors je l'ai quittée de peur de
la fatiguer. — Au moment où je m'en allais, elle
m'a rappelé, m'a fait pencher la tête et m'a dit
à l'oreille : Vous m'avez bien pardonné, n'est-ce
pas? — Pardonné, lui dis-je, et quoi donc, ma
chère enfant? — Le mal que je vous ai fait...
— Comment pouvez-vous le demander au point
où nous en sommes?... Eh! oui, cent fois oui, lui
dis-je, mais... — Tous les chagrins que je vous
ai causés... —Encore? mais pourquoi donc me
dites-vous cela? — Eh! sait-on ce qu'il peut
arriver? — Allons! lui dis-je, vous êtes un enfant... — Et après l'avoir baisée au front je suis
sorti. — Quand j'ai été hors de sa chambre, ces
étranges paroles me sont revenues, et me cau-
saient je ne sais pourquoi une certaine inquiétude. J'ai voulu parler aux sœurs, et j'ai bien

fait, car elles m'ont entièrement rassuré. Elles ne voient là, et c'est aussi l'avis du médecin, qu'une indisposition; mais elles m'en ont dit la cause, malgré la recommandation que Madeleine leur avait faite de ne m'en point parler.

Vous savez la jeune fille qu'elle appelle *sa malade chérie* : il paraît que la pauvre enfant a eu hier une crise terrible, et l'on pensait qu'elle allait mourir. — A cette nouvelle, Madeleine s'est levée : elle a couru au lit de la malade et a passé une partie de la nuit à lui donner des soins : jugez si elle a dû éprouver de la fatigue et souffrir du froid, et quel mal elle a pu se faire, lorsque le médecin lui ordonne un repos absolu. — J'ai reproché doucement à la supérieure de ne pas avoir empêché cela. — L'empêcher, m'a-t-elle répondu; c'est impossible, monsieur. J'ai beaucoup d'autorité sur elle et elle est généralement docile en toutes choses, mais sur ce point

elle me résiste ouvertement en me disant : Ma
bonne mère, permettez-moi de vous désobéir
quand il s'agit de faire le bien. — Et tous les
jours ce sont des imprudences pareilles. Souvent
elle s'élance de son lit pour secourir les malades
qui sont autour d'elle. Il y a quelque temps, on
est venu lui dire qu'une vieille femme mourante
refusait les sacrements, et avait reçu l'aumônier
avec des injures. Elle s'est levée aussitôt, est
allée s'asseoir à côté de la malade, et à force
d'exhortations, elle est parvenue à la ramener à
de bons sentiments, mais après trois heures de
fatigue. — Depuis longtemps je lui fais la guerre
pour ce zèle excessif comme pour ses charités
vraiment déraisonnables. — Avant d'être alitée
ici, elle m'avait demandé à emporter chez elle son
petit repas du soir en me disant qu'elle avait faim
la nuit. J'ai su que c'était pour le partager avec
une vieille femme qui habite sa maison. Bien

souvent même elle a dû s'abstenir de toute nourriture, car le concierge l'a vue plusieurs fois, dans
le trajet de l'hospice à sa maison, donner son pain
à un pauvre qu'elle rencontrait. — Je lui ai reproché vivement de s'imposer toutes ces privations
qui altéraient sa santé. — Eh ! qu'importe ma
santé? a-t-elle répondu. La vraie charité, c'est
l'oubli de soi-même au profit d'autrui ; c'est
celle qui coûte quelque chose et fait un peu souffrir : c'est celle-là qui répare, parce qu'elle est
la plus agréable à Dieu. — La vérité est, ajouta
la supérieure, qu'elle n'a aucune des apparences
de la dévotion rigide, car elle est gaie, rieuse,
indulgente pour les autres ; mais sous ces dehors
légers elle cache un sentiment profond de la
pénitence, une grande sévérité pour elle-même,
et la crainte de n'avoir pas encore assez fait
pour racheter ses fautes. J'ai beau la rassurer,
lui dire que sa réparation est complète, appa-

remment elle ne me croit point ; et puis, avec sa nature généreuse et ardente, la charité chez elle est devenue une passion.

Vous le voyez, Henriette, il est temps de lúi rendre le repos : elle userait ses forces et sa vie dans ces œuvres pieuses. — Qu'il me tarde donc de la voir rétablie et de l'emmener !

XLI.

N.... A HENRIETTE.

Ma chère Henriette, Madeleine a passé une
très-mauvaise nuit. Elle a été prise de vomissements violents qui l'ont singulièrement fatiguée.
Ses traits m'ont paru un peu altérés. Cependant

elle se trouve beaucoup mieux ce matin, ce qui
prouverait que ce n'était là, comme le pensent
les médecins, qu'une crise nerveuse. Après les
premiers mots sur sa santé... Vous allez me
gronder, dit-elle, je le vois bien; mais songez,
mon ami, cette pauvre enfant est mieux; mes
soins auront peut-être contribué à la sauver...
N'est-ce pas une bonne action que je devais faire
avant de partir?... Ne me le reprochez pas...
Voyons... Qu'avez-vous fait hier soir en sortant
d'ici? — Je suis rentré pour travailler. — C'est
très-bien; mais auparavant il fallait aller dire
une prière à votre paroisse et brûler un petit
cierge devant l'autel, pour ma prompte guérison. — Par exemple, lui dis-je, brûler un cierge,
c'est un peu fort : prier, à la bonne heure...
— Ah! s'écria-t-elle, vous comprenez cela au
moins... Eh bien! quand nous serons *chez nous*,
vous ferez, par amitié pour moi d'abord, une

petite prière le matin et une le soir : et puis soyez-en sûr, une fois l'habitude prise, vous ne pourrez plus vous en passer. — La prière, voyez-vous, la prière du soir surtout, c'est pour l'âme un délicieux repos. Le matin, on prie souvent avec distraction et précipitation : il semble qu'on soit pressé de vivre, d'aller à ses affaires. Le matin, c'est l'heure des espérances et des illusions. Après ce repos qui a ranimé les forces du corps et de l'âme, on a confiance en elles et on croit presque que pour mener heureusement sa vie on pourra se passer de Dieu; mais dès le soir on est détrompé. Toute la journée on a vécu avec les hommes, c'est-à-dire dans l'agitation, quelquefois dans le trouble, l'inquiétude et le chagrin; le soir, par la prière, on vit un instant avec Dieu, loin, et au-dessus du tumulte de la terre. C'est le calme, l'espérance, et comme un avant-goût des joies tranquilles du ciel. Moi,

c'est cette prière du soir qui m'a sauvée. D'a-
bord, j'ai prié sans croire, pour ainsi dire ma-
chinalement et par imitation ; mais un soir, après
une journée de combats, d'impatience, d'irrita-
tion, j'ai trouvé tant de douceur dans ce pieux
recueillement, que j'en ai rendu grâce à Dieu
avec sincérité et ferveur ; pour récompense il
m'a envoyé la foi : c'est ce que je vous souhaite.
Ainsi soit-il. Voilà le sermon fini. — Savez-
vous, mon ami, dit-elle en me regardant,
que vous êtes superbe aujourd'hui? — Pas plus
qu'à l'ordinaire. — Si fait, il y a une petite
pointe de toilette;... je ne vous en veux pas;
c'est pour plaire à votre femme. Mais je vous
demanderai cependant de ne pas tant vous ra-
jeunir, car alors, moi, je serais trop vieille...
Tenez, dit-elle en ôtant son bonnet... regar-
dez... Eh bien? — Eh bien! lui dis-je, sans
doute, j'aperçois quelques lignes blanches.....

Mais vous êtes si sainte;... c'est la Vierge qui par un jour de beau temps aura filé dans vos cheveux. — Ah ! j'aime assez cela, me dit-elle avec une expression de plaisir. A la bonne heure, voilà une galanterie qu'une dévote peut accepter.

Je vous rapporte tout cela, chère Henriette, pour vous faire voir que notre malade était assez gaie, ce qui est le signe d'un mieux réel.

Comme pour nos conversations, devenues plus familières, le voisinage des malades nous gênait un peu et nous obligeait à parler bas, elle m'a témoigné le désir de retourner chez elle. Ma petite chambre ne me fait plus peur, m'a-t-elle dit en me serrant la main ; car maintenant je n'y serai plus seule ; d'ailleurs, j'ai si peu de temps à y rester... — Je la ferai transporter demain matin.

Je l'ai quittée en lui recommandant d'avoir
bien soin d'elle. — Ah! soyez tranquille, m'a-
t-elle dit, j'aime la vie à présent.

XLII.

MADELEINE A N....

Mon ami, je dois vous voir demain matin, et
cependant je vous écris... D'abord, je m'em-
presse de vous dire que je ne me porte pas plus
mal, et qu'ainsi je n'ai pas besoin de vous aujour-
d'hui... Je vous écris donc parce que... fantaisie

de malade apparemment... Mais non, j'aime mieux vous dire la vérité. Cette petite indisposition m'a causé un certain trouble. Je crois que j'ai eu peur de mourir, de mourir, entendons-nous, autrement que je n'aurais voulu, et aussi, un peu trop tôt. — Avant-hier, je n'avais pas la tête libre; et je ne puis vous dire combien j'ai horreur d'une mort que je ne verrais pas venir... Et puis, quitter la vie au moment où je pourrais si bien l'employer; .. cela serait peut-être un peu cruel... Cependant, si Dieu m'appelait!!... écoutez, mon ami,.-.. et dans le cas où ma raison viendrait à m'échapper,... que cette lettre soit pour vous l'expression de mes derniers sentiments.... encore une fois ne vous effrayez pas... ces pensées mélancoliques .. j'ai voulu les chasser... elles reviennent toujours, je ne sais pourquoi... mais je suis assez bien : vous le voyez, puisque je vous écris.

Lorsque la foi m'est venue, et que par elle je me suis sentie si heureuse, j'ai pensé à vous, à qui je voudrais tant faire du bien, justement parce que je vous ai fait tant de mal... — A mesure que j'avançais dans ma pénitence, je m'éclairais davantage sur vous et sur moi, et je reconnaissais que nous aurions pu vivre, que nous aurions certainement vécu heureux ensemble, si les passions mauvaises n'étaient pas venues troubler ma raison. Sans doute j'avais beaucoup de défauts, et vous n'en aviez aucun : mais, permettez-moi de le dire, je vous ressemblais au moins par vos bonnes qualités. J'avais comme vous l'âme tendre et le cœur bon. Eh bien! je me suis dit alors, que si la religion avait été bienfaisante pour moi, elle devait l'être pour vous aussi, puisque nous avions le même cœur. — De là sont venus tous mes efforts pour vous faire partager mes croyances,

et ce zèle ardent qui a pu quelquefois vous pa-
raître importun, mais que vous me pardonnerez
bien, n'est-ce pas... si en effet j'avais raison de
me presser... Quand vous m'avez annoncé notre
réunion, j'étais joyeuse, bien plus et autrement
que ne l'eût été toute autre femme en pareille
occasion; car au bonheur de vivre avec vous
venait s'ajouter l'espérance d'achever mon
œuvre... Je n'avais plus ni beauté ni jeunesse à
vous apporter; mais la foi eût été mon présent
de noces..... — Maintenant,... si Dieu dispose
de moi, qu'arrivera-t-il?... Quand la pauvre prê-
cheuse ne sera plus là, vous souviendrez-vous
de ses sermons?..... Oh! je vous en prie, mon
ami, sachez vous passer de moi et conquérir
vous-même ce bien que je voulais vous donner...
Sans doute la religion ne sera pas pour vous ce
qu'elle a été pour moi... Vous, vous n'avez rien
à expier... Mais vous allez souffrir, car vous me

pleurerez, j'en suis sûre à présent... eh bien!
quelle douce pensée! et quelle admirable consolation dans la douleur! croire que ceux que nous
avons perdus, vivent toujours, mais dans un
monde meilleur : qu'ils nous voient, qu'ils nous
entendent, qu'ils veillent sur nous... La prière
alors n'est plus seulement un devoir rendu à
Dieu, c'est une communication, un entretien
avec ce qu'on a aimé... J'espère...

J'ai interrompu cette lettre... pour souffrir...
Je ne puis achever..... ma tête se trouble.....
Ah! venez, mon ami, venez tout de suite.....
j'ai bien besoin de vous.....

XLIII.

Chère Henriette, je ne saurais vous dire l'affreuse inquiétude dans laquelle je suis... Madeleine..... Je ne puis retenir mes larmes... Ce
matin j'ai reçu d'elle une lettre qui m'a boule-
versé et m'a fait courir à l'hospice..... Les

sœurs m'ont accueilli avec un visage cons-
terné... Qu'y a-t-il donc? m'écriai-je plein d'effroi. — Votre femme n'est pas bien, me dit
la supérieure..... Il s'est déclaré cette nuit une
péritonite aiguë... Les médecins viennent d'or-
donner quarante sangsues..... Je n'écoutai pas
plus longtemps et je volai vers Madeleine... Je
trouvai son visage profondément altéré. Elle
me tendit la main et m'accueillit avec un triste
sourire... Je lui demandai tout de suite si elle
voulait qu'on la transportât chez elle, comme
elle avait paru le désirer l'avant-veille... Oh!
non, plus maintenant, me dit-elle... Je voulais
aller chez moi pour y être malade, mais... pour
mourir... j'aime mieux être ici. — Vous aviez
raison, Henriette, je l'aime; oui, je l'aime, car
ces mots, et la pensée qu'ils n'étaient pas peut-
être une vaine parole de malade et qu'elle pouvait être en danger, m'ont ému jusqu'au fond

des entrailles. J'ai tâché de maîtriser et de cacher mon émotion, et je lui ai dit qu'elle avait des craintes déraisonnables... — Oh! mon ami, me répondit-elle avec calme, je n'ai point de craintes; je prévois seulement ce qui peut arriver.

— A partir de ce moment elle resta silencieuse, et sa physionomie prit un caractère grave et recueilli. — Elle paraissait attendre avec impatience que ses sangsues fussent détachées. Quand j'eus ôté la dernière, elle me pria de sortir un instant en me disant qu'on allait la changer de lit. — Je descendis chez l'interne de service, espérant de lui quelques paroles rassurantes; mais, hélas! au contraire, il ne m'a pas caché que c'était là une maladie très-dangereuse... Il en attribue la cause aux fatigues, aux austérités, à ses dernières imprudences..... Si elle meurt, Henriette, c'est son zèle charitable qui l'aura tuée... Il a ajouté cependant que la saignée

pouvait opérer un grand bien, et que s'il ne venait
pas de vomissements, l'affection perdrait beaucoup de sa gravité. — Quand je suis rentré dans
la salle, Madeleine était sur son séant, appuyée
contre des oreillers. Elle avait fait une espèce de
toilette, et les rideaux de son lit étaient disposés
d'une certaine façon. — Mon ami, me dit-elle
avec gravité, je vais recevoir les sacrements ;
prenez une chaise et vous vous mettrez à genoux
auprès de mon lit. — Le prêtre entra presque
aussitôt. Pendant qu'il dressait l'autel sur une
table et faisait tous les préparatifs de la funèbre
cérémonie, je m'agenouillai et me courbai sur ma
chaise pour donner un libre cours aux larmes qui
me suffoquaient. — Le prêtre s'était enfermé
avec elle sous ses rideaux pour entendre sa con-
fession ; il les rouvrit, puis il lui donna le saint
viatique qu'elle reçut avec une pieuse avidité,
avec une expression de joie, de ravissement im-

possible à décrire. Après cela, elle fit une prière : pendant ce temps, le prêtre vint à moi et me dit tout bas : Voyez-la prier, monsieur, n'y a-t-il pas un rayon céleste dans ses yeux? Il y a vingt ans que j'exerce mon ministère, jamais dans la dernière communion je n'ai vu un tel regard, qui indique une foi plus fervente et qui fasse mieux croire au ciel. — Quand elle eut fini, il s'approcha d'elle. Allons! ma fille, lui dit-il, vous venez d'accomplir dignement un grand devoir : ce qui est un remède pour l'âme, souvent aussi en est un pour le corps, espérons que Dieu vous rendra la santé. — Mon père, répondit-elle, Dieu me donnera la vie ou la mort, comme il voudra; je suis soumise à sa sainte volonté.

Quand le prêtre fut sorti, elle me tendit la main. — Maintenant, mon ami, me dit-elle, je suis tranquille..... Mais vous avez pleuré, vous pleurez encore : pourquoi cela? peut-être

vivrai-je? Si je meurs, je crois au ciel, et j'ai la
ferme confiance que Dieu m'y recevra; il n'y a
donc pas de quoi pleurer... Mais combien je suis
heureuse de vous avoir là, auprès de moi...
Allez, nous nous valons bien dans notre affection
mutuelle; si vous étiez tombé malade, je serais
allée m'asseoir à votre chevet. C'est moi, au
contraire, qui ai eu besoin de vous... et vous
voilà... Vous serez bon pour moi jusqu'à la fin...
Mais ne parlons plus de cela. — Et elle s'est
mise à causer de choses indifférentes, avec
calme et quelquefois avec gaieté. La journée
tout entière s'est passée ainsi. Cette cérémonie
des sacrements qui l'a exaltée un instant, au-
rait-elle opéré une crise salutaire? Ce qui est
certain, c'est que depuis ce moment elle a
paru être beaucoup mieux, et il semblerait que
la maladie est dans une période de décroissance,
mais l'accélération de son pouls indique toujours

une grande fièvre; les médecins qui viennent la visiter de temps en temps gardent un air grave qui me désespère. — Je voulais passer la nuit auprès d'elle; mais la supérieure est venue me dire que cela ne se pouvait pas. la règle de la maison s'y opposant formellement. Je l'ai suppliée de faire une exception pour moi; mais elle m'a répondu que mon insistance n'était pas raisonnable, puisque d'ailleurs ma femme était mieux et qu'aucuns soins ne lui manqueraient. Madeleine elle-même m'a formellement congédié, et je vous écris de ma chambre où je suis troublé, dévoré d'inquiétude... Pourquoi cela... puisqu'il y a du mieux? qu'elle ait demandé les sacrements;... avec sa piété on devait s'y attendre... Sans doute c'est toujours une maladie grave,... mais... une jeune femme pleine de force et de vie ne peut mourir ainsi. N'est-ce pas, Henriette?.. Mourir, elle, au moment où elle va retrouver un peu de bonheur... Cela serait-il juste? Oh! non, c'est impossible... Mais ses pressentiments, toutes ces paroles qu'elle nous a dites... Ce vœu qu'elle a écrit... Sa dernière lettre... Oh! mon Dieu!... avec quelle impatience j'attends le jour!...

XLIV.

N.... A HENRIETTE.

Pleurez, Henriette... Cette maladie... c'était
la foudre... La pauvre Madeleine n'est plus... J'ai
le cœur brisé ; l'esprit en désordre... Comment
donc vous raconter cette scène de douleur? il le
faut pourtant. Le récit de sa mort est le premier

hommage que je dois à sa mémoire ; quand vous saurez comment elle a quitté la terre, comme moi, vous la prierez dans le ciel.

Ce matin, quand je suis arrivé à l'hospice, quoique je l'eusse laissée un peu mieux la veille, je ne sais pourquoi j'étais glacé de terreur. J'ai rencontré des sœurs et des filles de salle, mais je n'ai pas osé les interroger : je courais... Dès que je fus entré dans la salle, et qu'elle m'eut aperçu, elle me tendit les bras.—Ah ! cher ami, dit-elle, venez, je vais mourir..... Venez me dire encore que vous me pardonnez...—Te pardonner ! m'écriai-je en la couvrant de baisers et de larmes,... te pardonner... Mais tu vois bien que je t'aime toujours. — Et moi aussi je t'aime, me dit-elle ; — et nos lèvres, si longtemps désunies, se sont jointes pour la dernière fois sur ce lit de mort... L'émotion avait épuisé ses forces... Laisse-moi me reposer un peu ; me dit-elle, assieds-toi. — Et

elle se mit à prier tout bas. — Pendant ce temps,
je demandai à une sœur ce qui s'était passé dans
la nuit. Vers une heure, elle avait été prise de
vomissements terribles qui avaient aggravé son
état avec une rapidité effrayante. — A quatre
heures, elle avait fait venir la supérieure. —
Ma mère, lui avait-elle dit, c'est la mort;...
j'y suis toute préparée : mais je ne la croyais
pas si près..... Mon mari... mon mari... ne le
reverrai-je plus?... Et mon enfant, je ne pourrai donc pas l'embrasser encore une fois... —
On allait m'envoyer un exprès, mais c'est à ce
moment que j'étais arrivé...

   Elle me fit signe de venir auprès d'elle. Mon
ami, me dit-elle, cette réunion que je désirais
tant et qui était si prochaine... Dieu n'a pas
voulu qu'elle se fit en ce monde... C'est qu'apparemment elle avait des dangers que nous n'a-
percevions pas, et qu'il voyait, lui, qui voit

tout... Si je meurs, c'est que cela vaut mieux pour vous et pour moi, soyez-en sûr... Nous nous retrouverons... là où l'on ne se sépare plus... Mais, pour cela,... écoutez-moi, il faut que vous viviez comme j'ai vécu dans ces dernières années, et que vous mouriez... comme vous allez me voir mourir; promettez-moi donc de pratiquer la religion... — Je vous le promets, lui dis-je. — A la bonne heure, me voilà tranquille, car on n'oublie pas les promesses faites aux mourants... Je suis sûre de vous revoir bientôt, dussiez-vous vivre longtemps, comme je l'espère, car un siècle tout entier n'est qu'un jour pour ceux qui ont commencé l'éternité... Vous embrasserez bien pour moi mon petit Gustave ;... pauvre enfant que je me faisais tant de joie de retrouver !..... — Et l'on voyait dans ses yeux cette émotion sans larmes des mourants.— Vous l'élèverez dans la piété, n'est-ce pas? Vous

tâcherez... vous tâcherez qu'il respecte la mémoire de sa mère..... Vous ferez part de mes
adieux,... aux amis qui me sont restés,... à la
meilleure de toutes les amies, à la bonne Henriette,... et à la bonne sœur Sainte-Marie-de-
Jésus, qui m'a réconciliée avec Dieu.

A partir de ce moment, elle a employé le
temps que lui laissait la douleur, à la prière et
aux adieux. Elle souffrait cruellement ; mais elle
n'a jamais dit qu'elle souffrait : elle ne voulait
pas le dire. — Après une crise, qu'elle sup-
portait avec une patience angélique, sans jeter
un cri, sans laisser échapper une parole amère,
une plainte, un murmure, elle nous faisait signe
qu'elle voulait se reposer quelques instants. —
Puis bientôt elle se remettait à parler. — Elle
appelait les sœurs, chacune par son nom, les
remerciait de tous leurs soins. — Je vous fatigue
bien, leur disait-elle ; mais ça ne sera pas long...

Peut-être j'ai eu avec vous quelque mouvement d'humeur ou d'impatience... Voyons, approchez toutes de mon lit, et s'il en est quelqu'une que j'aie offensée ou scandalisée, qu'elle le dise, afin que je lui en demande pardon... — Ah! ma mère Amélie, dit-elle en apercevant l'une d'entre elles, vous m'avez promis de me garder quand je serai morte..... Je compte sur vous..... Et ce sera plus tôt que je ne croyais... L'angélus est-il sonné? — Oui, mon enfant, lui répondit-on. — Allons! dit-elle en souriant, à neuf heures, je serai avec le Bon Dieu.

Ses forces diminuaient à chaque instant. On s'en apercevait à la faiblesse de sa voix; mais ses idées conservaient toute leur netteté. Elle n'a pas eu un seul moment de trouble et de confusion; pas une parole qui ne fût bien distincte et fermement accentuée. — Elle faisait souvent une prière à voix basse, en tenant dans ses mains son petit crucifix indulgentié : je prêtais l'oreille et j'entendais ces mots : « O mon Dieu! recevez le sacrifice de ma vie en expiation de mes fautes. » — Alors je me suis rappelé ce triste vœu que j'ai trouvé dans ses méditations, et ces mots si incroyablement prophétiques : « *O religion sainte! source de toutes consola-* *tions et de toutes espérances, puisse ton céleste* *flambeau briller près de ma couche mortuaire,* *éclairer mes derniers regards..... Puisse mon* *esprit conserver toute sa puissance, pour t'of-* *frir l'hommage de mon profond repentir, de* *mon amour, de ma dernière pensée...* » Dieu lui donnait ce qu'elle avait demandé, et elle en échange tenait sa promesse. — Sa respiration devint plus brève; elle était cruellement op-pressée. — Mon Dieu, dit-elle, je suis bien longue à mourir. — Et comme une des sœurs paraissait s'étonner de ces paroles : Oh! ma mère, lui dit-elle, en levant les yeux au ciel, ce n'est pas une plainte, c'est un désir. — Elle fit une petite exclamation, comme se souvenant d'une chose qu'elle allait oublier, et elle me dit :

— Je veux que mon enterrement se fasse dans la chapelle de l'hospice, afin d'avoir mes bonnes sœurs et mes malades... dans la chapelle, tu entends...

Peu d'instants après, elle eut un spasme..... Ah! me dit-elle en me serrant la main, je ne te vois plus... . Adieu, adieu, cher ami! — Sa tête s'est penchée : elle était immobile et muette; sa respiration ne s'entendait plus; les pâleurs de la mort couvraient son visage... A chaque moment je regardais les religieuses avec terreur, comme pour leur dire : elle est morte. Alors l'une d'elles prenait le crucifix des mains de la mourante et l'approchait de ses lèvres, et ces pauvres lèvres s'avançaient encore pour baiser l'image du Sauveur... Elle avait donc un reste de vie morale tout intérieure, une pensée faible comme ses derniers souffles et prête à s'exhaler, mais qui était encore à Dieu...

Enfin, une dernière fois, la religieuse présenta le crucifix.... Mais les lèvres restèrent sans mouvement... Elle était au ciel.

Elle est morte, comme elle l'avait dit, à neuf heures, en plein jour. Dieu l'a voulu ainsi, pour que l'on vît bien sa belle figure de mourante, ses regards pleins de foi et d'espérance, déjà empreints de la béatitude céleste.

Les sœurs et l'aumônier se mirent à genoux en disant : c'est la mort d'une sainte, que Dieu veuille nous en donner une semblable. — Et moi je lui fermai les yeux, et je la tins longtemps embrassée, ou du moins sa dépouille mortelle ; car, pour elle, l'âme sainte qui venait de quitter la terre avec tant de calme, de sérénité et de

confiance en Dieu, c'est au ciel que je la voyais,
vivante, parée de la jeunesse et de la beauté
immortelle, couronnée d'une lumineuse auréole.
—N'est-ce pas là, Henriette, la mort chrétienne,
telle que nous la comprenons avec nos idées du
monde, la mort chrétienne et humaine en même
temps? — Les dévotes vulgaires meurent saintement, mais souvent avec froideur et égoïsme.
Si elles conservent leur connaissance, elles
l'emploient uniquement à dire des prières et des
actes de contrition. Elles s'inquiètent peu de
ceux qui les entourent; elles ne pensent qu'à leur
salut et ne parlent qu'à Dieu. — Mais elle, cette
pauvre femme, elle se partageait entre ses affections terrestres et les espérances de sa foi. Elle
songeait à Dieu; mais en même temps à son
mari, à son fils. Elle levait les yeux au ciel, mais
elle les abaissait bientôt pour laisser tomber des
regards tendres sur moi et sur les bonnes sœurs.

Ce n'était pas là le cœur desséché par les approches de la mort qui ne bat plus que pour soi ; c'était son bon cœur, aimant et expansif, qui, avec l'amour de Dieu, laissait encore pénétrer en lui les amours honnêtes et légitimes de la terre. — D'ailleurs, dans sa pensée intime, le pardon du ciel était lié au mien, et sans doute elle disait : Vous le voyez, ô mon Dieu ! cet homme qui a le plus souffert de mes fautes, il est là, auprès de moi, dans la douleur et dans les larmes ; j'ai retrouvé son affection, et c'est le plus grand bien que j'emporterai de la terre, puisqu'il peut m'aider à fléchir votre justice et à obtenir votre pardon. — Plus tard, quelques minutes avant d'expirer, quand elle baisait le crucifix, il n'y avait plus que Dieu. Sa dernière pensée était à lui. Elle accomplissait son vœu.

Oui, Henriette, nous pouvons la pleurer,

car elle est morte, relevée, purifiée, digne de
l'estime des hommes et de l'amour de son mari,
sainte devant Dieu.

XLV.

N.... A HENRIETTE.

Hier, ma chère Henriette, nous avons rendu
les derniers devoirs à Madeleine. C'était pour tous
les assistants une cérémonie bien touchante ; mais
pour moi... quelle source d'émotions doulou-
reuses, de larmes et d'éternels regrets.

L'enterrement devait se faire à l'hospice, suivant sa volonté. J'y suis arrivé de bonne heure
et je me trouvais seul à la salle de réception, les
sœurs étant occupées à leurs offices, lorsqu'est
entrée une jeune religieuse vêtue de noir. C'était
la sœur Sainte-Marie-de-Jésus. Je l'ai reconnue
à cet angélique visage que vous et Madeleine
m'avez souvent dépeint ; elle, m'a deviné à mes
larmes..... Ah ! monsieur, m'a-t-elle dit, je
comprends et je partage bien votre douleur.....
Mais quel coup inattendu ! Comment cette pauvre
enfant vous a-t-elle été enlevée ?... — Elle ne
savait aucuns détails : alors j'ai raconté... Les
religieuses attachent une telle importance à la
bonne mort, que dans le commencement de mon
récit, il y avait sur les traits de la jeune sœur
une préoccupation inquiète ; mais elle s'est rassurée quand elle a su avec quelle pieuse ardeur
Madeleine avait reçu les sacrements, et lorsque

je suis venu à dire sa douce résignation, ses fer-
ventes prières, sa confiance en Dieu à l'heure de
la mort, ses derniers baisers à l'image du Seigneur, le visage de Marie-de-Jésus s'est vivement coloré; ses yeux ont brillé d'une sainte
joie. Ah! monsieur, s'est-elle écriée, il ne faut
pas la plaindre, car elle est heureuse; il faut la
prier... Ne voyez-vous pas qu'il y a ici un miracle?.. Sa pensée d'entrer au couvent, sa per-
sistance courageuse; ses pressentiments; cette
maladie assez longue pour qu'elle puisse se préparer; pas assez pour qu'elle souffre trop. Sa
mort, au moment où elle va retrouver les dangers du monde... C'est Dieu qui a fait tout cela.
—Quelques religieuses étant entrées à cet instant,
la jeune sœur leur a dit ce qu'elle venait d'apprendre, et celles-ci ayant ajouté leurs témoi-
gnages au mien, ç'a été entre toutes ces femmes
un tel concert de joyeuses félicitations que moi,

qui restais seul triste au milieu d'elles, j'avais
presque honte de ma douleur.

Peu d'instants après, le service a commencé.
La petite chapelle était entièrement remplie. Il y
avait là tous les malades qui avaient pu se traîner,
toutes les sœurs; des religieuses des couvents
voisins et de ceux où Madeleine avait été; de
pauvres gens du quartier auxquels elle avait
fait du bien. — Je n'avais compté que sur mes
vrais amis; mais beaucoup de personnes que
j'aurais crues indifférentes étaient venues. Ce
lieu de réunion, la chapelle d'un hospice, loin
d'exciter le dédain ou le dégoût, avait éveillé
des sympathies. Les ennemis de Madeleine se
trouvaient désarmés; ceux qui l'avaient aimée et
oubliée, se souvenaient d'elle à la fin, en appre-
nant qu'elle était morte, morte dans l'exercice
de ses œuvres pieuses, sur le théâtre de sa charité. Cette mort jetait une vive lumière sur les

dernières années de sa vie ; ce qu'on disait d'elle était donc vrai ; son repentir était donc sincère, sa pénitence sérieuse : il y avait donc là une résolution forte et grande ; une expiation héroïque qu'il fallait reconnaître et admirer. — Oui, Henriette, le monde qui l'aurait repoussée vivante est venu entourer son cercueil et pleurer sur elle. La vertu, comme le génie, ne trouve sa gloire que dans le tombeau : La justice des hommes vient en même temps que celle de Dieu.

Au milieu de l'église toute tendue de noir, Madeleine reposait sous un catafalque couvert d'un drap de velours, parsemé de larmes d'argent. Jamais pareille pompe ne s'était vue dans l'humble chapelle, et le bon aumônier avait emprunté à une paroisse voisine un organiste, des chantres et des enfants de chœur, n'ayant d'ordinaire que ce qu'il fallait pour dire quelques prières sur le corps du pauvre, dernier don de

la charité. — A l'instant où les prêtres se ran-
gent autour du cercueil, il a improvisé un petit
discours... Il connaissait mieux que personne le
pieux dévouement de Madeleine et son zèle infa-
tigable : bien souvent, il l'avait rencontrée
auprès du lit des malades, au chevet des mourants... Il avait été témoin de sa mort chrétienne : dire simplement ce qu'il avait vu, c'était
faire la plus touchante oraison funèbre ; aussi
tout le monde pleurait.

Lorsque nous fûmes dans la rue, je vis que la
foule était nombreuse devant la porte de l'hospice. Presque tous les jours la charrette mortuaire du pauvre est arrêtée à cette place, et
elle n'attire pas l'attention ; mais à la vue de ce
char empanaché, de ces voitures de deuil, de
ces équipages armoriés, tous les voisins s'étaient
mis aux fenêtres, et les passants s'étaient ras-
semblés. Quelles étaient donc ces funérailles?

Quel riche était venu mourir dans ce lieu dont
le nom seul est un sujet de tristesse et d'épou-
vante?... On sut bientôt que c'était le convoi de
cette jolie petite dame que l'on voyait tous les
matins entrer à l'hospice où elle soignait les malades ; alors chacun bénissait la pauvre Madeleine en se demandant pourquoi Dieu avait en-
levé sitôt de la terre celle qui n'y faisait que du
bien.

A notre arrivée au cimetière, le temps était
gris et brumeux ; mais, par intervalles, il semblait vouloir s'éclaircir... Mon Dieu ! disais-je
tout bas, elle est morte saintement : elle mérite
vos faveurs ; avant qu'elle entre pour jamais dans
la terre, ne lui donnerez-vous pas un dernier
rayon de soleil? — La voiture s'était arrêtée ;
le triste cortége avait cheminé lentement, et il
était parvenu au terme de sa marche... Je regardais le sud avec une sorte d'anxiété... En ce

moment le soleil se dégagea d'un nuage qui le cachait et vint dorer le cercueil. — N'est-ce pas un signe de Dieu?

Peu d'instants après, on l'a mise au tombeau.

Désormais, Henriette, vous ne me reprocherez plus de me déplaire partout, car j'ai maintenant un lieu de retraite où je pourrai dire des paroles d'amour et d'espérance, placé entre sa dépouille mortelle qui reposera sous mes pieds, et son image rajeunie et rayonnante qui viendra planer au-dessus de moi.

Je puis te parler, Madeleine, car tu m'entends, n'est-ce pas?...

Vivante, tu m'as vu pleurer à ton lit de mort; maintenant tu me vois pleurer du haut du ciel : tu ne peux douter de ma douleur... Mais cette joie étrange qui vient s'y mêler, qui me la donne, dis-le-moi? Est-ce seulement le souvenir de ta mort courageuse et sainte? Non, c'est bien plus encore : c'est la certitude de ton immortalité, de ton bonheur dans le séjour éternel; c'est la pensée que Dieu a tout conduit. — Il fallait mourir, ma pauvre enfant. — Ton bon ange qui veillait sur toi, qui t'avait aidée à dompter tes passions, qui t'avait conduite dans la voie du Seigneur, qui t'avait promise à lui, ton bon ange a eu peur quand il a su que tu pouvais de nouveau être exposée aux dangers du monde, et il a demandé à Dieu de te retirer de la terre, et Dieu l'a exaucé, parce qu'il avait, comme tu me l'as dit souvent, des desseins sur toi. — Il fallait mourir, pour ta gloire, pour ton bonheur.

Si tu avais vécu, le monde ne t'aurait jamais pardonné; ces trois années de privations et d'austérités n'auraient été à ses yeux qu'une comédie

jouée par toi. Ta foi sincère, il l'eût appelée hy-
pocrisie, comme mon pardon un acte de faiblesse; l'un et l'autre nous aurions toujours souffert de ses dédains. Tu es morte, il t'a applaudie,
admirée; il a proclamé ton expiation héroïque,
tes derniers moments, ceux d'une sainte.

Si tu avais vécu,... qui sait si ton enfant,
plus avancé en raison, ayant entendu quelque
méchant propos du monde, n'aurait pas mal
pensé de sa mère; mais il t'a perdue avant que
son intelligence ait pu comprendre ce qu'on
lui aurait dit de toi. Il t'a vue donnant des soins
aux pauvres; après ta mort, il a vu son père et
ses amis, et les religieuses qui te pleuraient, il
a entendu le prêtre racontant tes vertus chrétiennes, tes œuvres pieuses, ton courage devant
la mort, ton espérance en Dieu; il aura souvenir
de sa mère comme d'une bonne sœur de charité.

Si tu avais vécu,.... qui sait aussi quelle mort

les hasards de la vie t'auraient amenée; inat-
tendue peut-être, ou aveuglée par les souffrances
et ignorante d'elle-même, comme celle de la
plupart des hommes; aurais-tu jamais trouvé
cette mort lucide, où la pensée te restait pour
prier Dieu, pour dire adieu à tes amis, où tu as
pu voir ton mari pleurant sa femme pardonnée et
bien-aimée?... La mort, comme tu la demandais,
la mort vraiment chrétienne, la *bonne mort*, et
dans un hospice, cette maison de Dieu, au milieu des pauvres qui bénissaient leur bienfaitrice,
et des saintes femmes qui t'admiraient.

Tu es morte dans le bon temps, quand la vie
est le moins regrettable; quand la nature elle-
même semble mourir... Mais le printemps re-
viendra pour nous, si jusque là Dieu nous prête
vie, et toi, pauvre morte, tu ne sentiras pas sa
douce haleine; les fleurs pousseront sur ta tombe,
et tu ne les verras pas; les oiseaux chanteront,

et tu ne les entendras pas... Mais que dis-je? et qu'ai-je à te plaindre?... c'est toi qui me plains de vivre encore... Tous ces plaisirs de la terre que je regrette pour toi ; qu'est-ce que cela auprès des joies du ciel?... Sois donc heureuse en m'at-tendant...

Ce petit crucifix, qui fait si bien mourir,... tu me l'as légué..... prévoyais-tu donc qu'il recevrait tes baisers de mourante et ton dernier soupir?... Oh! oui, maintenant je crois à sa vertu miraculeuse, et c'est le gage certain d'une bonne mort;... tu l'as prouvé,... je le prouverai à mon tour;... il ne me quittera plus; c'est moi qui le quitterai... comme tu l'as fait... Il a maintenant un écrin comme un bijou pré-cieux, comme une relique sacrée, et il ne pas-sera dans mes mains... que quand j'aurai besoin de lui.

XLVI.

N.... A HENRIETTE.

Croyez-moi, Henriette, ceux qui doutent de
l'immortalité de l'âme n'ont pas vu mourir leur
mère ou leur femme, ou leur ami. A cet instant
suprême, où s'éteint la vie de ceux qu'on aimait,
la vérité se manifeste par une révélation sublime.

C'est une lumière que Dieu lui-même fait descendre en nous pour nous consoler ; et la croyance que jette dans l'esprit cette miraculeuse intuition, ici, la raison même ne vient-elle pas l'affermir ? Pour elle, pour cette pauvre femme, s'il n'y avait pas une autre vie... Songez donc... Avec la pensée de racheter ses fautes, elle aurait trouvé la force de renoncer aux plaisirs du monde, et de se condamner aux privations et aux austérités,... et en cela elle eût été insensée, elle aurait sacrifié la réalité à une illusion, un bien véritable à un espoir chimérique ; elle serait parvenue, après des combats et des souffrances de toute sorte, à épurer, à renouveler, à sanctifier son âme, et cette âme, si noble et si grande à ses derniers moments, cette âme toute pénétrée de la foi et des espérances chrétiennes, aurait péri avec son corps. — Elle, si repentante et si courageuse, vouée tout entière

à la charité, la vertu la plus utile aux hommes,
et la mieux aimée du ciel, elle qui est morte
martyre de sa pénitence; doucement résignée à
la volonté de Dieu, elle aurait le même sort que
la femme vicieuse, mourant dans l'impénitence
finale, regrettant lâchement la vie et blasphé-
mant au lit de mort! — Elle touchait au but
de ses désirs, puisque notre réunion était
prochaine... Et au moment de recevoir la
récompense humaine de tout le bien qu'elle
avait fait, Dieu l'aurait enlevée, sans lui réser-
ver une récompense céleste, pour ne lui donner que le néant!..... Oh! non, non, cette
seule supposition est sacrilége : que Dieu me
pardonne d'avoir douté un instant de sa sainte
justice.

La sœur Marie a raison, Henriette; il ne faut
pas la pleurer, il faut la prier. — Et je la pleure
pourtant. J'étais habitué à la solitude; mais non

à cette solitude sans espérance qui vient de la
mort. Tout en étant séparé d'elle, je comptais
sur elle ; je savais qu'elle était là, prête à voler
dans mes bras au premier appel. Vous l'avez
bien dit, je n'avais jamais cessé de l'aimer.
Quand je disais, quand je croyais que je ne l'aimais plus, je faisais souvent cette prière : O
mon Dieu ! si nous devons avoir une épouse dans
le ciel, je vous demande celle-là, telle qu'elle
était aux premiers temps de notre union, avec
son âme pure, son cœur bon, tendre et ardent.
— Oui, elle a été mon seul amour ; elle était ma
dernière espérance de bonheur sur la terre, — je
puis donc la pleurer ; — mais ne croyez pas,
Henriette, que ces larmes aient tant d'amer-
tume. Il y a quelques mois, la vie m'était odieuse,
parce que si j'aimais, je n'osais l'avouer ; aujourd'hui, elle m'est presque chère, précisément
parce que je pleure, parce que je regrette, parce

que j'aime, et que je puis le dire. Mon cœur est plein. — Le regret qui fait souffrir, c'est celui qui prend sa source dans l'égoïsme, et auquel les sens, même à notre insu, ont souvent une grande part. Ce ne peut être le mien, puisque je ne vivais point avec elle. — Ce que je regrette et ce que j'aime, c'est son âme; son âme régénérée par la foi, radieuse et transfigurée comme elle était à sa dernière heure; et cet amour, il ne se brise pas par la mort, car il suit l'âme bien-aimée jusque dans le ciel; il est plein de douceur et de consolation, car il est lié à une espérance et il vit dans le cœur avec l'amour de Dieu.

Mais, le croiriez-vous, Henriette, cette tendre et religieuse douleur, ce sentiment qui remplit ma vie, on voudrait déjà me l'enlever? Mes amis, me voyant triste, me croient malheureux, et ils me conseillent de me distraire, c'est-à-dire

de chercher dans les récréations du monde l'indifférence et l'oubli.....

O mes amis! merci de votre sollicitude...
Mais quel échange me proposez-vous? Vous
m'offrez la vue d'un riche salon, des femmes
élégantes, rieuses et coquettes, quand j'ai encore devant les yeux le spectacle de la mort
chrétienne dans toute sa grandeur, dans toute
sa beauté. Vous m'invitez à la conversation,
ce fade mélange d'égoïsmes bavards, de choses
vaines, de médisances et de railleries, quand
j'entends encore sa voix de mourante accentuant
la prière, et me disant adieu. Vous m'amenez
par la main, la gaieté, cette folle et insouciante
fille de la terre, pour que je quitte la douleur de
l'âme, cette noble fille du ciel...

Vous voulez m'amuser... quand je pleure...

Ah! par pitié, éloignez-vous; ne me troublez
pas dans ma solitude et mon recueillement.....

Cette tristesse que vous voulez m'ôter, elle est salutaire et féconde ;... n'avait-elle pas dit, la pauvre femme, que sa mort serait pour moi un enseignement,... une lumière ?...

Laissez-moi donc jouir de l'héritage que j'ai reçu d'elle : d'un trésor qui vaut à lui seul tous les biens de la terre...

Ne voyez-vous pas que je prie... que JE CROIS.

FIN.

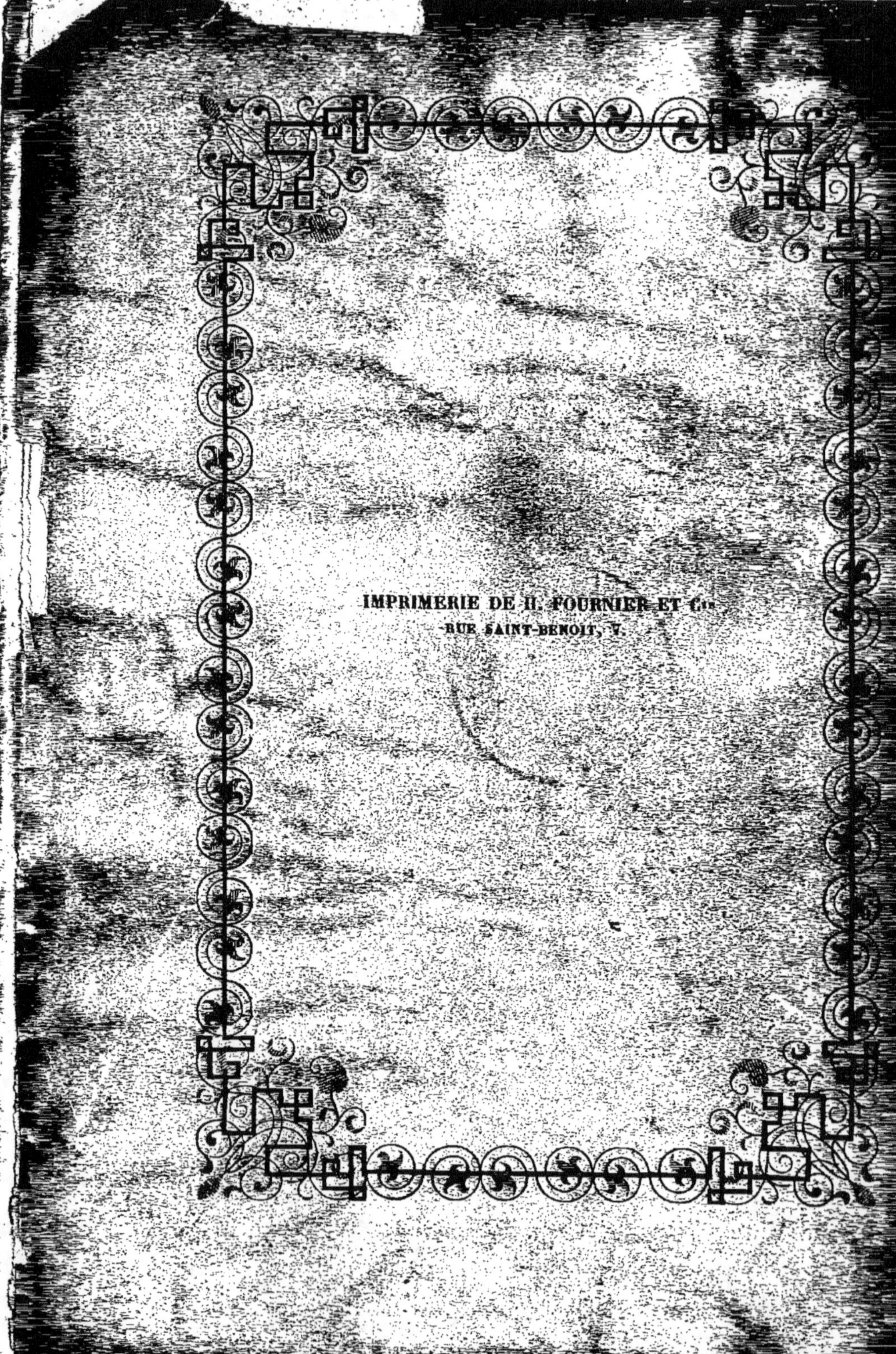

IMPRIMERIE DE H. FOURNIER ET Cⁱᵉ
RUE SAINT-BENOIT, 7.